한권으로 끝내는
G-TELP 문법 끝판왕 500제

한권으로 끝내는 G-TELP 문법 끝판왕 500제

발행일   2015년 9월 25일

지은이   SOP 아카데미
펴낸이   손 형 국
펴낸곳   (주)북랩
편집인   선일영   편집   서대종, 이소현, 권유선
디자인   이현수, 윤미리내, 임혜수, 김은해   제작   박기성, 황동현, 구성우, 이탄석
마케팅   김회란, 박진관, 이희정, 김아름
출판등록   2004. 12. 1(제2012-000051호)
주소   서울시 금천구 가산디지털 1로 168, 우림라이온스밸리 B동 B113, 114호
홈페이지   www.book.co.kr
전화번호   (02)2026-5777   팩스 (02)2026-5747

ISBN   979-11-5585-728-1 13740 (종이책)   979-11-5585-729-8 15740 (전자책)

이 책의 판권은 지은이와 (주)북랩에 있습니다.
내용의 일부와 전부를 무단 전재하거나 복제를 금합니다.

이 도서의 국립중앙도서관 출판예정도서목록(CIP)은 서지정보유통지원시스템 홈페이지(http://seoji.nl.go.kr)와
국가자료공동목록시스템 (http://www.nl.go.kr/kolisnet)에서 이용하실 수 있습니다.
(CIP제어번호 : CIP201525663)

지텔프 문법 족집게 실전문제 **500제**

한권으로 끝내는 **G-TELP**

문법 끝판왕

SOP 아카데미 지음

G-TELP 문법 끝판왕 500제 활용법

- **STEP 1** G-TELP 문법 유형 정리
- **STEP 2** G-TELP 문법 유형별 연습문제
- **STEP 3** G-TELP 문법 16회분 모의고사로 실전 연습

Preface

왜 문법만 500제인가?

지텔프 레벨2 시험을 준비하는 분들 중에서 Mastery를 획득하기 위해 준비하는 응시자는 없습니다. 32점/45점/50점/65점/77점 등 특정 목표 점수를 획득하기 위해 준비하는 응시자가 대부분입니다. 지텔프 시험의 총점수 환산 방법을 보면 문법/독해 및 어휘/청해 각 파트별 획득 점수의 평균을 산출하는 것이기 때문에 비교적 빠르게 성적을 향상시킬 수 있는 파트의 점수를 높일 경우 전체 평균 점수 향상을 보다 쉽게 기대할 수 있습니다.

그리고 **비교적 빠른 점수 향상을 기대할 수 있는 파트가 바로 문법**입니다. 에스오피 교재연구소에서는 지텔프 레벨2 시험 응시자들이 보다 빠르게 문법 점수를 향상시켜서 전체 점수를 목표 점수까지 끌어올릴 수 있는 가장 쉬운 지름길을 제시하겠습니다.

그동안 지텔프 문법을 공부할 교재가 없어서 고민이셨던 분들을 위해 제작된 지텔프 문법 끝판왕 500제!

본 교재는 지텔프에서 출제되고 있는 문법 문제를 유형별로 정리한 후 직접 적용해보는 연습문제를 통해 지텔프 문법의 개념을 잡을 수 있으며, 실전처럼 총 26문항으로 구성되어 있는 지텔프 문법 16회분 모의고사를 통해 고득점 대비를 완벽하게 할 수 있습니다.

이제 문법 고득점은 이 한 권으로 끝내시기 바랍니다.

감사합니다.

에스오피 교재연구소

✅ 분야별 공인영어성적 기준 비교

적용 범위		TOEIC	G-TELP (Level 2)
군무원	9급	470	32
	7급	570	47
	5급	700	65
카투사		780	73
노무사		700	65
변리사		775	77
세무사		700	65
관광통역안내사(영어)		760	74
호텔관리사		700	66
호텔경영사		800	79
호텔서비스사		490	39
입법고시		700	65
외무고시		775	77
행정고시		700	65
아시아나항공 스튜디어스		550	45
소방간부후보생		700	65
경찰간부후보생		625	50

※ G-TELP Level 2 개요

구분	영역	문항	시간	평가 기준	합격자의 영어 구사 능력
Level 2	문법	26문항	30분	다양한 상황에서 대화 가능: 업무 상담 및 해외 연수 등이 가능한 수준	일상생활 및 업무 상담 등에서 어려움 없이 의사소통할 수 있으며, 외국인과의 회의 및 세미나 참석, 해외 연수 등이 가능한 수준
	청취	26문항	약 30분		
	독해	28문항	40분		
	전체	80문항	약 90분		

※ Mastery 기준

Section	점수 비율	Mastery 기준
문법 (Grammar)	100점 만점	▶ 각 Section별(문법 · 청취 · 독해) 75% 이상 획득해야 해당 등급 Mastery
청취 (Listening)	100점 만점	
독해 및 어휘 (Reading&Vocabulary)	100점 만점	
총점	총 300점 만점	▶ 한 개 Section이 75% 미만인 경우 Near Mastery
평균	100점 (성적표 상 You have answered ○○% of all the question on the test correctly 부분)	

✓ 교재의 구성

① 지텔프 문법 유형별 집중 정리
지텔프 문제를 풀기 위한 기초 유형별 문법 정리, 기초가 부족한 응시자를 위한 지텔프 문법의 핵심!

② 지텔프 문법 유형별 연습문제
문법 핵심정리 학습 후, 연습문제를 통해 문법이론을 적용하고 복습하자!

③ 연습문제 Answer keys
유형별 연습문제 채점하기

④ 연습문제 해설
오답을 꼼꼼히 체크할 수 있는 자세한 문법문제 유형별 해설!

⑤ 지텔프 문법 16회분 모의고사
실전 지텔프 시험과 같은 26문항 모의테스트 16회분!
무려 16회분의 지텔프 문법 모의테스트로 완벽한 시험 대비!

⑥ 모의고사 Answer keys
빠르게 채점할 수 있도록 16회분 모의고사 답안을 한 곳에!

⑦ 모의고사 해설
지텔프 모의테스트 후 오답노트는 필수!
궁금증을 해결해주는 자세한 해설!

CONTENTS

Preface : 왜 문법만 500제인가? / 4
◎ 교재의 구성 / 6

➡ PART 1 지텔프 핵심 문법파트! 시제 따라잡기! ──────── 10
　　PART 1 연습문제 ──────────────────── 15

➡ PART 2 알고 나면 정답률 백프로! 가정법 ──────────── 23
　　PART 2 연습문제 ──────────────────── 28

➡ PART 3 놓치면 섭섭한 관계사 ─────────────── 33
　　PART 3 연습문제 ──────────────────── 38

➡ PART 4 고득점으로 가자! 접속사 ──────────────── 43
　　PART 4 연습문제 ──────────────────── 48

➡ PART 5 쉽게 풀어보는 분사 ────────────────── 51
　　PART 5 연습문제 ──────────────────── 55

➡ PART 6 정답률을 높인다! 준동사&조동사 ──────────── 59
　　PART 6 연습문제 ──────────────────── 65

◎ 모의고사 1회~16회 / 69
◎ 연습문제 정답 및 해설 / 183
◎ 모의고사 정답 및 해설 / 199

G-TELP
문법 끝판왕 500제

PART 1

지텔프
핵심 문법파트!
시제 따라잡기!

PART 1 지텔프 핵심 문법파트! 시제 따라잡기!

시제의 유형

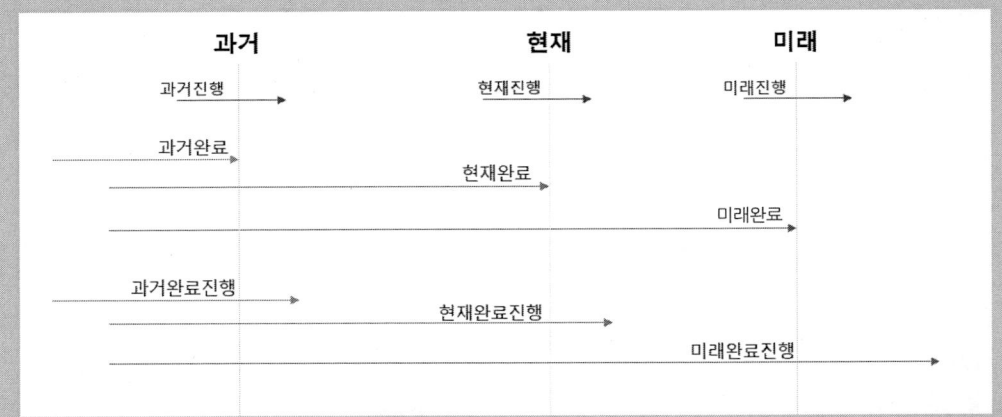

- 단순시제 : 과거, 현재, 미래는 특정시점을 의미
- 완료시제 : 이전의 어느 시점부터 지금까지 계속되어 온 것을 의미. 시간의 연속성을 나타냄
- 진행시제 : 특정시점에서의 진행을 의미, 단순시제로 취급

1 단순시제: 어느 특정시점의 동작이나 상태

1.1 현재시제 (is/am/are, 일반동사+s)

1) 현재의 상태나 동작을 나타낼 때

➡ Now, at present

2) 현재의 습관이나 반복적인 일을 표현할 때

➡ Every day, every month

3) 일반적인 사실이나 변하지 않는 진리를 말할 때

➡ Water **boils** at 100 degrees.

4) 속담이나 격언

➡ Experience **is** the best teacher.

5) **왕래발착동사**가 미래를 나타내는 단어와 쓰일 때, 현재시제가 미래를 대신한다.

➡ go, come, leave, depart, arrive, reach

1.2 과거시제 (were, was, 일반동사+ed)

1) 과거에 일어난 상태나 동작

➡ My son **was** in a school three hours **ago**.

2) 역사적인 사실을 나타낼 때

➡ The Japanese **killed** so many Koreans.

1.3 미래시제 (will + VR, be going to +VR)

1) 미래에 일어날 일

➡ She **will go** to Texas to see her parents.

2) 이미 결정된 가까운 미래의 일

➡ He **is going to go** to Texas **tomorrow**.

2 진행시제: 특정시점의 짧은 시간 동안 계속되는 상태, 동작

2.1 현재진행 (is/am/are + VR + ing): 지금 말하는 순간 일어나고 있는 상태나 동작

➡ My son **is swimming** in the sea **now**.

- 미래를 나타내는 진행시제 (am/are/is + VR + ing): 주로 왕래발착동사일 경우 미래를 나타내는 단어와 함께 사용

➡ My son is leaving Japan **soon**.

2.2 과거진행시제 (was/were + VR + ing) : 과거의 어느 순간 일어나고 있던 상태나 동작

➡ When she knocked the door, I was sending a message to my girlfriend.

3 완료시제: 일정한 기간에 걸쳐서 이어지는 상태나 동작

의미에 따라 경험, 계속, 완료, 결과의 4가지 용법으로 구분된다.

3.1 현재 완료 (has/have + p.p):
- 과거에 시작한 상태나 동작이 현재까지 계속 진행될 때 (계속)
- 과거부터 현재까지의 경험을 말할 때 (경험)
- 과거에 시작해서 현재 끝난 상태나 동작 (완료)
- 과거에 했던 일의 현재 결과 (결과)

1) 계속   for, since

She has been my best friend since 2011 (since +구체적 시간)

➡ 그녀는 2011년부터 나의 가장 친한 친구였다. (지금도 나의 가장 친한 친구이다)

I have lived in this house for 15 years (for +기간)

➡ 나는 이 집에 15년 동안 살아왔다. (지금도 이 집에 살고 있다)

cf. during: 어떤 특정기간의 명사가 나온다; Vacation, semester, term 등

2) 경험   ever, never, once, twice, before, three times

Have you ever been to Thai before?

➡ 너 전에 태국에 가본 적 있니?

★ 절대 과거를 나타내는 말과 함께 쓸 수 없다. (ago X)

3) 결과   lose, buy, sell, go, come, leave

He **has lost** his watch

➡ 그는 (이전까지 갖고 있었던) 시계를 지금 잃어버렸다.

4) 완료   just, already, yet, lately, recently

I **have just finished** my homework.

➡ 나는 지금 막 나의 숙제를 완료했다.

★ <u>When과는 함께 쓸 수 없다.</u>

3.2 과거완료 (had p.p): 특정 과거시점 이전부터 진행된 상태나 동작.
어떤 과거의 일보다 더 먼저 이루어진 다른 일을 나타내기도 한다.

• 과거완료 시제가 나오면 꼭 과거 특정시점(기준점)이 주어진다.

When I **came back** home from school, the ugly boy **had eaten up** the pizza.

➡ 내가 학교에서 집에 왔을 때(기준점), 그 못생긴 형이 피자를 다 먹어버렸다.

3.3 미래완료 (will have p.p): 현재/과거부터 미래의 어느 특정 시점까지 진행 될 상태나 동작

• 주로 by the time, by+미래시점과 함께 쓰인다.

She **will have finished** this report by the end of June.

➡ 그녀는 이 리포트를 6월 말까지 끝낼 것이다.

4 완료 진행형

4.1 현재 완료 진행형(has/have been V~ing):
과거부터 진행되어 온 어떤 동작/상태가 지금도 지속되고 있는 중이다.

cf. 현재완료: 과거부터 현재 어떤 동작/상태가 지속되고 있으나 지금도 그 상태/동작

이 진행 중인지 알 수 없다.

She has been waiting for the bus for over 20minutes.

➡ 그 여자는 버스를 20분 넘게 기다려오고 있는 중이다. (지금도 기다리고 있는 중이다)

4.2 과거완료 진행(had been V~ing):

특정과거시점 이전부터 진행 중이던 어떤 동작/상태가 특정과거시점에서도 진행 중이었다.

When I got there, they had been talking about that over an hour.

➡ 내가 도착했을 때, 그들은 이미 1시간씩이나 토론 중이었다.

(1시간이나 토론 중이었다는 것 강조)

4.3 미래완료 진행(will have been V~ing)

과거 혹은 현재부터 시작된 동작이나 상태가 미래의 특정시점에서도 계속 진행될 예정이다.

I will have been working here as a president for 3 years by this weekend.

➡ 이번 주가 되면 나는 대통령으로서 일한 지 3년이 된다.

(이번 주 이후에도 계속 대통령직을 수행할 것을 강조)

PART 1_연습문제

1. Maria and Karl are participating in another skiing competition tomorrow despite having just arrived from a three-month skiing tour in the U.S. Their coach told them that they have to practice unless _____ for it.

   A. they will not be prepared
   B. they are not prepared
   C. they are preparing
   D. they are prepared

2. Yesterday, after experiencing stomachache for three days, I went to see a doctor. I thought it was because I _____ too much ice-cream lately, but he said that the problem was caused by air-conditioner.

   A. could be eating
   B. am eating
   C. had been eating
   D. will eat

3. Matt's wife was relieved when he finally called to say that he was back from his business trip. She _____ that he might have been stranded due to the harsh weather condition.

   A. had been worrying
   B. has worried
   C. could have worried
   D. has been worrying

4 Mr. Kim is giving a homecoming party and he has asked me to assist him with preparing for it. This evening, I _____ the items to prepare for the party.

    A. will be listing down   B. would list down
    C. was listing down   D. had listed down

5 If Tom fails to finish his studies, Ann _____ in her house any longer. Tom, whom Ann treats as her own brother, now feels that he should start taking his studies seriously.

    A. is not letting him stay   B. will not let him stay
    C. is letting him stay   D. will not let him staying

6 Jean enjoys reading novels by J.K Rowling. In fact, the only one book she hasn't read is Harry Porter and the Half Blood Prince. She's in the library right now, so I'm sure that she _____ the book.

    A. will be borrowing   B. had borrowed
    C. borrows   D. has been borrowed

7 Steve is excited at having been invited to join a movie festival in Busan next week. Right now, he _____ his favorite film.

    A. would watch   B. is watching
    C. would be watching   D. was watching

8 In 2016, Helen and her friends will be visiting Hawaii. She cannot stop thinking that by that time, she _____ beach parties with her friends

A. would attend
B. will have been attending
C. is attending
D. has been attending

9 Last Monday, the athletic department insisted that no decision _____ made yet on the baseball coach's future.

A. is
B. was
C. had been
D. has been

10 During the Harvard University graduation ceremonies, some students made some noisy sound. While the Dean _____ his speech, they played cellphone game without caring about other people.

A. is giving
B. will have given
C. was giving
D. had been given

11 My friends were surprised to know that a robber had sneaked inside my house at around 1 a.m. They think that I _____ at that time.

A. will play game
B. was playing game
C. have played game
D. can play game

12 Sehee has just received the Maroon5 albums she had ordered online. She plans to listen to the music today. She _____ of listening to Sunday Morning first.

A. is thinking
B. was thinking
C. has thought
D. will be thinking

13 We were amazed to see how Kate won the marathon competition at the last moment. At the beginning, she _____ slowly, but she could speed up in the end.

A. will have run
B. ran
C. was running
D. is running

14 Everyone in our classroom is excited about our upcoming picnic. On Friday at 9 a.m., we _____ at the Everland for the first time.

A. will have a good time
B. were having a good time
C. are having a good time
D. have had a good time

15 Gary is determined to become a famous novelist. Since he enrolled at SNU, he _____ his literature classes seriously, and has been practicing for three years.

A. will be taking
B. has been taking
C. would take
D. had taken

16 People are excited to watch the World Cup game at the city hall. They _____ for it since the first soccer match started.

    A. are waiting   B. have been waiting
    C. had waited   D. can wait

17 Among futurist Alvin Toffler's works, I think 'The Third Wave' is the least interesting. I _____ it for almost two months now, but I think I cannot finish it.

    A. was reading   B. had been reading
    C. have been reading   D. am reading

18 There was heavy rain yesterday. Fortunately, people could prepare for umbrella, as weather forecasters _____ that it would be raining.

    A. had been predicting   B. have predicted
    C. are predicting   D. will predict

19 While waiting for his girlfriend at the café, Hemelt decided to finish his math homework. He _____ his math problems when she arrived.

    A. was still solving   B. is still solving
    C. solved   D. solves

20 From next week, we will be able to watch baseball games on TV. Because we have been waiting to watch baseball games for a long time, we cannot stop thinking that by next week, we _____ wonderful baseball games with friends.

A. would watch
B. will have been watching
C. is watching
D. has been watching

21 Jake enjoys skiing during the winter season. In fact, he has been expecting to go skiing. He's taking a break right now, so I'm sure that he _____.

A. will go skiing
B. had gone skiing
C. has gone skiing
D. has been skiing

22 Mike decided to give up his position as a secretary for the CEO. Thus, he told his immediate supervisor that he _____ the company.

A. would have left
B. is leaving
C. was going to leave
D. leave

23 The temperature _____ dramatically moments before the apparition appeared in front of us.

A. will drop
B. had dropped
C. has dropped
D. will be dropping

24. Experts believe policy makers should respond to the public's fear of crime by introducing new legislative measures that they hope _____ levels of anxiety.

A. reduce
B. will reduce
C. are reducing
D. have reduced

G-TELP
문법 끝판왕 500제

PART 2

알고 나면
정답률 백프로!
가정법

PART 2 알고 나면 정답률 백프로! 가정법

가정법 유형

1 가정법 과거

> 형태: If + S + 과거동사 + ~ , S + would/should/could/might + VR ~
> 의미: 현재 사실에 대한 반대; 만약 ~한다면, ~할 텐데

Ex) If Mom **had** a beautiful S-line body. She **could look** more attractive.
   ➡ 엄마가 만일 S라인 몸매를 가지고 계신다면, 그녀는 더 매력적으로 보이실 텐데.

> 주의: 가정법 과거에서 **be 동사**는 주어와 관계없이 **were를 사용**한다.

Ex) If Dad **were** my son, he **would be** in big trouble.
   ➡ 아빠가 내 아들이라면, 그는 꽤 힘들 텐데.

2 가정법 과거완료

> 형태: If + S + had p.p + ~, S + would/should/could/might + have p.p ~
> 의미: 과거사실에 대한 반대; 만약 ~했다면, ~했을 텐데

Ex) If Mom **had had** a beautiful S-line, she **could have looked** more attractive.
   ➡ 엄마가 아름다운 S라인 몸매를 가지셨더라면. 그녀는 더 매력적으로 보이셨을 텐데.

3 가정법 현재 (조건절)

> 형태: If + S + V(현재형)~ , S + will/can + VR~
> 의미: 가능성 있는 미래; 만약 ~ 한다면, ~ 할 것이다

Ex) If it is rain tomorrow, I **will stay** in bed. (비가 올 가능성이 있음)

➡ 만일 내일 비가 온다면, 나는 침대에 있을 것이다.

4 가정법 미래

> 형태: If + S + should/were to + VR ~, S + would/should + VR ~
> 의미: 비현실적인 미래; 불가능하거나, 불가능에 가까운 미래를 현재로 가정할 때:
>   만약 ~한다면, ~할 것이다

Ex) If it should rain tomorrow, I would stay in bed. (비가 올 가능성 없음)

➡ (혹시라도) 내일 비가 온다면, 나는 침대에 있을 것이다.

가정법 도치 (should, Had, were)

1 should 도치

> 원래 형태: If + S + should + V, S + would/should + V
> 도치 구문: Should S + V, S + V

Ex) If you should need further information, let me know.

➡ Should you need further information, let me know.

➡ 혹시 정보가 더 필요하시다면, 알려주십시오.

2 Had 도치

> 원래 형태: If + S + had p.p, S + would/should/could + have p.p ~
> 도치 구문: Had + S + p.p, S + would/ should/ could + have p.p ~

Ex) If you **had not been** there, I would have been bored.

➡ **Had** you **not been** there, I would have been bored.

➡ 만약 네가 거기에 없었더라면, 나는 지루했을 거다.

3 were, were to 도치

> 원래 형태: If + S + were, S + 조동사과거 + VR
> 도치 구문: Were + S, S + 조동사과거 + VR

Ex) If I **were** you, I **would** decline the offer.

➡ **Were** I you, I **would** decline the offer.

Ex) If you **were** to agree, Mike **could** be the next player.

➡ **Were** you to agree, Mike **could** be the next player.

➡ 네가 혹시라도 동의하면, 마이크는 다음 선수가 될 수 있을 텐데.

전치사 혹은 접속사가 가정의 의미를 지니는 경우

-Without/But for + 명사, 가정법 과거: ~이 없다면
             + 명사, 가정법 과거 완료: ~이 없었다면
-Otherwise: 그렇지 않았다면, 그렇지 않았더라면

Ex) **But for(Without)** the sun, nothing could live on the earth.

Ex) He worked very hard, **otherwise** he would have failed

혼합가정법

형태: If + S + had p.p~, S+ would/should/could/might + V(동사원형)
의미: 과거에서 현재까지의 내용을 가정: 만약 ~ 했었다면, 지금 ~ 할텐데

Ex) If I had taken your advice, I would be not in difficult situation now.
→ 내가 만약 너의 충고를 받아들였다면, 지금 나는 어려운 상황에 처해있지 않을 텐데.

PART 2_연습문제

1 Karen had wanted to surprise her grandfather in China on his birthday. However, she couldn't save enough money. If she had not had her bicycle repaired, she _____ able to go to China.

A. would be
B. would have been
C. must have been
D. should have been

2 I wanted to learn Chinese while I was in China. However, I never had time to learn it. If I had stayed longer, I probably _____ how to speak Chinese fluently.

A. should learn
B. must have learned
C. would have learned
D. should have learned

3 When Brian read a fantasy novel yesterday, he couldn't find out the message that the author tried to give. If he had paid more attention to the book, he _____ the message well.

A. would find out
B. will find out
C. is finding out
D. would have found out

4 Stevenson regrets not having completed his college course. His friends think that if he _____ his studies, he could have gotten better jobs.

   A. has finished   B. can finish
   C. had finished   D. was finishin

5 It was regretful that Tom couldn't get a scholarship this semester. If he had gotten better math exam score, he _____ the scholarship.

   A. will get   B. would get
   C. would have gotten   D. had gotten

6 Although Max was not a bad student, he sometimes showed rude attitude to his teachers. If he _____ more respect to his teachers, he could have gotten more love from them.

   A. have demonstrated   B. had demonstrated
   C. should demonstrate   D. must demonstrate

7 People with different religion often disagree with each other. If they had been more tolerant, many of the collisions _____ prevented.

   A. might be   B. must be
   C. could have been   D. should have been

8 Kate has wanted to make her parents happy on their 20th anniversary. However, she had to lend some money to her friend yesterday. So she doesn't have enough money now. If she didn't not lend her money to her friend, she _____ able to buy her parents good present.

   A. would be
   B. would have been
   C. must have been
   D. should have been

9 Gates had a job interview in an IT firm. Had he been selected, he _____ as a capable technician in a good condition now.

   A. would be worked
   B. would have been working
   C. could work
   D. worked

10 Almost everything depends on our effort. For example, if students _____ during the semester, they could get satisfactory scores.

   A. had studied hard
   B. have studied hard
   C. studied hard
   D. study hard

11 Had it not been for the Confucius thought, there _____ a contemporary Asian philosophy. Confucius's impact on Asia is incredible.

   A. had not been
   B. would not have been
   C. would not have
   D. were not

12 I took it for granted that you knew Sean, otherwise I _____ you. It was my mistake to think like that.

A. would introduce
B. would be introduced
C. introduced
D. would have introduced

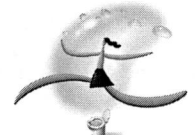

G-TELP
문법 끝판왕 500제

PART 3

놓치면 섭섭한 관계사

PART 3 놓치면 섭섭한 관계사

관계대명사

관계대명사 앞과 뒤의 절을 이어주는 동시에 앞에 있는 대명사. 즉, 선행사를 대신하는 대명사 역할

선행사	주격	소유격	목적격
사람	who	whose	Who(m)
사물, 동물	which	whose	which
사물, 동물, 사람	that	X	that
사물(선행사 포함)	what	X	what

1 주격

- I have a dog. + It is a bull dog.

= I have a dog **which** is a bull dog.

➡ 관계대명사 which가 주어(it) 자리에 있다.

2 소유격

- Tim married a woman. + Her family name is Kim.

= Tim marred a woman **whose** (=a woman's) family name is Kim.

➡ 선행사's 했을 때 뜻이 맞으면 whose를 쓴다.

3 목적격

- Howard met a lovely woman. + He loved her at his first sight.
- = Howard met a lovely woman **whom** he loved at his first sight.
- ➡ 관계대명사 whom이 목적어(her) 자리에 있다.

관계대명사 what = the thing which

➡ the thing 선행사(명사)와 관계대명사(which)가 하나의 단어 what으로 통합

- **What** made him sad made me sad, too.
- = **The thing which** made him sad made me sad, too.

who, which, what의 쓰임 구분

- who, which는 뜻이 없고, what의 경우 (~하는) 것의 뜻이면 관계대명사로 쓰인 경우
- who(누구), which(어떤 것), what(무엇)이라는 뜻이 있으면 의문사로 쓰인 경우
- I don't know what to do
- ➡ 나는 모른다 무엇을 할지를
- I don't know what can affect it.
- ➡ 나는 모른다 이것에 영향을 미치는 어떤 것을

that의 쓰임 구분

1. 관계대명사

- 관계대명사 that일 때는 that 이하의 문장이 불안정한 문장이 된다.
- that 혹은 전치사+that은 안 된다. 다만 in that(~라는 관점에서)은 된다.
- I played with the toy that is made by wood.
- ➡ 나는 나무로 된 장난감을 가지고 놀았다.

2. 명사절을 이끄는 접속사

- 접속사 that일 경우 that 이하 문장이 완전한 문장이다.
- that 이하의 문장이 전체 문장에서 주어나 목적어나 보어의 역할을 한다.
- I didn't recognize that she was the best person I ever met then.
➡ 나는 몰랐다 그녀가 내가 만난 사람 중에 최고였음을 그때는

3. 지시형용사/지시대명사

- That car doesn't work even fixed by car mechanic.
➡ 저 차는 움직이지 않는다. 심지어 자동차 정비공에게 수리를 받았음에도 불구하고

관계대명사 생략

1 주격 관계대명사(who/which /that) + be동사 생략 가능

- I know that girl (who is) famous for her beauty.
➡ 나는 저 그녀의 미모로 유명한 저 소녀를 안다.

2 목적격 관계대명사(whom/which /that)일 경우 생략 가능

- The novel (that) I read yesterday was moving.
➡ 내가 어제 읽었던 그 소설은 감동적이었다.

관계부사

앞의 절과 뒤의 절을 이어주는 동시에 관계사절 내에서 장소, 방법, 시간, 이유를 나타내는 역할을 하는 부사 where, how, when, why를 의미. 관계부사가 사용된 문장은 완전한 문장이다.

관계부사	선행사	전치사+관계대명사
where	장소를 나타내는 말	At/in/to + which
when	시간을 나타내는 말	At/in/on + which
why	The reason	For + which
how	(the way)	In + which

- I went the place where (=at/in/ to which) I was born.
  ➡ 나는 내가 태어났던 장소에 갔다.

- She played the piano the time when (=at/in/on which) she was 7-year old.
  ➡ 그녀는 피아노를 그녀가 일곱 살이었을 적에 쳤다.

- Do you know the reason why (= For which) she is so angry?
  ➡ 너는 그녀가 화난 이유를 아니?

- Does he know how I get to the airport?
  ➡ 그는 내가 어떻게 공항에 가야 하는지 아니?

PART 3_연습문제

1 Mary asked me if I was an artist because she noticed that I find it easy to sketch an object. She explained that those _____ are more skilled at drawing.

A. who sketch well
B. whom sketch well
C. which sketch well
D. who are sketching well

2 This morning, Kevin was searching the house for his missing passport, but could not find it. His mother told him that she thinks it might be in the garden _____.

A. which they had a barbeque party
B. where they have a barbeque party
C. when they have a barbeque party
D. where they had a barbeque party

3 Due to Apple's iphone6 release, the Board of Directors in Samsung will be having meetings from next week. They will discuss _____ to make up for their declining market share.

A. which measures they can take
B. what measures to take
C. whatever measures they take
D. whichever measures they take

4 John and Linda often argue over trivial things such as what food to eat and what book to read. However, _____ is one of their favorite arguments.

   A. what movie to watch   B. which movie to watch
   C. what movie to be watched   D. which to be watched

5 The investigators felt sorry for the children _____ parents did not survive the car accident.

   A. whose   B. who had
   C. of whom   D. who

6 The Argawa in Tokyo, _____ is the most expensive restaurant in the world, will cost US $277 per person.

   A. whose   B. that
   C. which   D. what

7 All drugs should be approached with caution, as they have side effects _____ may prove to be more difficult than the problem they are supposed to be treating.

   A. what   B. where
   C. as   D. that

8 When you pick up the pace for shorter periods of time, you increase your metabolism, _____ remains elevated for long after the exercise session ends.

   A. that   B. what
   C. which   D. where

9 A man filming a documentary about an enduring Elvis myth is offering three million dollars to _____ finds the King alive.

   A. whoever   B. whomever
   C. who   D. whom

10 The trade gains will exceed the foreign assistance provided by the rich countries _____ are members of the OECD.

   A. who   B. what
   C. of which   D. which

11 Karl Wittgenstein was a risk-taker _____ enormous fortune owed as much to the favorable outcomes of his gambles as to his hard work and his skills.

   A. that   B. in which
   C. of whom   D. whose

12. Parenting on any level can be expensive, but adoption has a unique list of upfront costs _____ can be extraordinarily challenging.

A. as
B. what
C. where
D. that

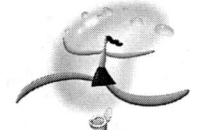

G-TELP
문법 끝판왕 500제

PART 4

고득점으로 가자!
접속사

PART 4 고득점으로 가자! 접속사

자주 쓰이는 접속사

> indeed, in reality, in actuality, actually, in effect, in fact, as a matter of fact

- 주로 앞에 제시된 전제에 대해 구체적 사실을 나열할 때 쓰임
- '실제로는'의 뜻일 때는 부연설명으로 앞 문장의 뜻을 알기 쉽게 풀어줌
- '사실상'의 뜻일 때는 역접

➡ 문맥을 통해 판단

Ex) He is really genius of math in fact he won the first prize of math Olympiad at age 13.
➡ 그는 수학의 천재다 실제로 그는 13살에 수학올림피아드 금상을 받았다. (부연)

She seems to be very rich person in fact she has been doing lots of part-time job for several years.
➡ 그녀는 부자인 것처럼 보인다 사실상 그녀는 몇 해 동안 많은 아르바이트를 해오고 있다. (역접)

> nevertheless, nonetheless, despite that, in spite of that, and yet, even so, for all that, all the same, that being said, having said that, after all, granted

- 그럼에도 불구하고, 그렇기는 하지만의 뜻으로 쓰임
- 앞에 제시된 내용을 인정 + 일부분에 대한 반대 견해 제시, 반대 견해가 하고싶은 말(역접)

Ex) **For all that you are true, I would believe my thought.**
➡ 네가 진실이긴 하지만, 그래도 나는 내 생각을 믿을래. (뒤쪽 말이 주장)

> furthermore, moreover, in addition, additionally, also, beside, on top of that, what's more

- 그리고, 게다가, 더구나, 뿐만 아니라, 또한

Ex) **She is attractive because she has beautiful face. Furthermore it is kind of her to help poor people.**
➡ 그녀는 매력적이다 왜냐하면 그녀는 얼굴이 예쁘기 때문이다. 또한 그녀는 불쌍한 사람들을 도와줄 만큼 착하다.

> however, yet, still, conversely, by contrast, in contrast, on the contrary, on the other hand

- 그러나, 반면에, 반대로, 대조적으로

Ex) **I prefer this red bag however my sister likes that blue bag though.**
➡ 나는 이 빨간 가방을 선호하지만 내 여동생은 파란 가방을 좋아한다.

instead, rather, alternatively

- 대신에, 오히려
- not A, instead B: A 하지 않는다, 대신에 B 하다
- 앞 문장의 부정문이 오고 그것을 이어받아서 instead절도 부정의 의미를 내포함

Ex) He didn't reply. Instead he turned on his heel and left the room.
➡ 그는 대답을 하지 않았다. 대신에 그는 홱 돌아서서 방을 나가버렸다.

therefore, so, thus, hence, as a result, as a consequence, consequently, accordingly, in accordance, in consequence, as such(엄밀히), for that reason(이러한 이유로)

- 따라서, 그러므로(인과)

Ex) I have been studied hard for 2 months. Thus, I got an A.
➡ 나는 공부를 두 달 동안 열심히 했다. 그래서 나는 A 학점을 받았다.

for example, for instance, as an illustration, to illustrate

- 예를 들면

Ex) Elephant is smarter than we have thought. For example they even can distinguish people's language which is hostile to them or not.
➡ 코끼리들은 우리가 생각했던 것보다 똑똑하다. 예를 들면, 심지어 그들은 그들에게 적대적인지 아닌지 하는 사람들의 언어를 구분할 수 있다.

| likewise, similarly, by the same token, in the same way |

- 이와 같이, 마찬가지로
- 두 가지 대상의 결론이 유사할 때

Ex) I studied English similarly my mother did.
➡ 나는 영어를 공부했다 우리 엄마가 했던 방식과 비슷하게

| at the same time, in the meantime, meanwhile, simultaneously |

- 그동안에, 그러는 사이에, 동시에
- 두 가지 사건이 동시에 발생하고 있을 때

Ex) Mom cooks the dinner at the same time the baby plays with the toy.
➡ 엄마가 저녁을 요리하는 동안 아기는 장난감을 가지고 놀았다.

| given that fact, considering that fact |

- 그러한 점을 고려할 때
- 앞 내용에 대한 보충 설명, 결과 제시

Ex) Given that he is honest, he must not have done it.
➡ 그가 정직하다는 것을 고려해 봤을 때, 그가 그 일을 했을 리가 없음이 틀림없다.

PART 4_연습문제

1 A recent study of American families _____ they are becoming more and more dependent on double incomes.

A. show that
B. show what
C. shows that
D. shows what

2 There are many things for female athletes to consider. Among them, the number one nutritional concern for female athletes _____ they are getting as much as nutrition as they need.

A. is that
B. are that
C. is what
D. are what

3 _____ in captivity, I encountered a man who taught me more about religion and the love of humanity.

A. During
B. While
C. Meanwhile
D. Since

4 _____ this is the first year of the campaign in Calgary, it was initiated nearly ten years ago as a part of rodeos throughout the United States.

A. Despite
B. Because
C. Although
D. When

5 We insist upon full payment of your account, _____ we shall be forced to take legal steps.

   A. unless	B. if
   C. otherwise	D. while

6 Once a draft is chosen, we will make all necessary revisions _____ you are completely satisfied with your homepage layout.

   A. so	B. until
   C. once	D. since

7 Mrs. Petang is well suited to teach international students _____ she speaks Korean and Japanese and is originally from Asia.

   A. otherwise	B. although
   C. by the time	D. because

8 _____ studying abroad, I encountered a man who taught me more about culture of the country and the importance of culture.

   A. During	B. While
   C. Meanwhile	D. Since

9. Vitamin D is necessary for the prevention and _____ rickets. Thus, people have to take Vitamin D as much as possible.

   A. for curing to
   B. for cure to
   C. it cures of
   D. cure of

10. _____ they left the military, Bill and his wife have been unable to find civilian jobs. Thus, they have been having hard time living in the city.

    A. If
    B. While
    C. Since
    D. As soon as

11. Timmy probably won't pass the vocabulary test, _____. It's because there are so many words to memorize that it is actually impossible to memorize them all.

    A. he is as desperate
    B. however desperate he is
    C. he is however as desperate
    D. the more desperate he is

12. _____ under Japanese rule, Koreans were forced to learn Japanese.

    A. During
    B. Meanwhile
    C. Since
    D. While

G-TELP
문법 끝판왕 500제

PART 5

쉽게 풀어보는 분사

PART 5 쉽게 풀어보는 분사

분사

현재분사(~ing; 능동+진행), 과거분사(~ed; 수동) 형태. 명사를 수식하는 형용사 역할.

1 현재분사(~ing)는 능동+진행의 의미를 나타내므로 분사뒤에 항상 명사가 나온다.

- Mike is looking at the <u>burning</u> building

2 과거분사(~ed)는 수동의 의미를 나타내므로 분사 뒤에 명사가 나오지 않는다.

- Tim was <u>surprised</u> at the news
➡ 전치사(at) + 명사(the news) → 구(phrase, at the news)
; 전명구는 문장 내에서 형용사 또는 부사 역할

현재분사 VS 동명사

1 현재분사 - 형용사 역할이기 때문에 명사를 수식

ex) **Biting** mosquitos: 무는 모기들

2 동명사 - 명사 역할이기 때문에 주어, 목적어 자리에 올 수 있음

ex) practicing soccer: 축구를 연습하는 것

감정을 나타내는 분사

1 주어가 **사물**일 경우 → 현재분사(~ing)

ex) Going shopping is interesting.

2 주어가 **사람**일 경우 → 과거분사(~ed)

ex) I am interested in going shopping.

분사구문 만드는 방법

1 부사절을 이끄는 접속사를 생략한다.

<u>As</u> he is loved by many people, he is very happy

→ he is loved by many people, he is very happy.

2 부사절 안의 주어와 주절의 주어가 서로 같은 경우 부사절의 주어를 생략한다.

<u>He</u> is loved by many people, <u>he</u> is very happy

→ is loved by many people, he is very happy.

3 부사절 안의 시제가 주절의 시제와 같을 때, 부사절 주어와의 관계가 능동이면 ~ing, 수동이면 ~ed를 쓴다.

is loved by many people, he is very happy

➡ (Being) loved by many people, he is very happy.

이때, Being은 생략 가능

➡ **Loved** by many people, he is very happy

4 부사절 안의 동사시제가 주절의 시제와 다를 때, 부사절의 시제가 주절의 시제보다 앞서는 경우

➡ 능동이면 having p.p, having been ~ing, 수동이면 having been p.p

After I had written my e-mail, I sent it.

➡ **Having written** my e-mail, I sent it

PART 5_연습문제

1 _____ to the subject, Jake mentioned that it would have to be updated with the new information. Thus, people have to do some extra work to update that information.

A. Returning
B. Return
C. For returning
D. Returned

2 _____ in Europe since childhood, James is a genuine gentleman in every respect.

A. Having been brought
B. Brought up
C. To bring up
D. Bring up

3 The athletes returned to their country _____ with the result of the game. They were planning to take a break for a while.

A. satisfying
B. having satisfied
C. being satisfying
D. satisfied

4 _____ in England, Henry is a genuine gentleman in every respect.

A. Having raised
B. Raised
C. To raise
D. Raising

5 _____ the reports about suffering from a stroke, Playboy founder Hugh Hefner said he's doing just fine.

A. Denying
B. Deny
C. Denied
D. Having been denied

6 Currently, the law states that employees _____ more than 37.5 hours a week must be paid overtime at a rate of 1.5 times their regular pay. In reality, many employers ignore this law.

A. work
B. working
C. worked
D. to work

7 _____ from the other side, many town communities have similar environmental problems. Thus, they need to cooperate to solve the problems.

A. Seeing
B. Having seen
C. Seen
D. To see

8 My daughter and I both feel a little better _____ that if something major happens - an accident, a crisis - that she can be in touch with me.

A. know
B. knew
C. knowing
D. known

9 Many writers in the 18th century were inspired by the educational and scientific ideas of the Enlightenment, _____ the potential of literature to reach a wide readership.

A. to see
B. saw
C. seeing
D. seen

10 _____ to the subject, James argued that the computer program should be updated with some new functions. Thus, people have to do some extra work to update those functions.

A. Returning
B. Return
C. For returning
D. Returned

11 _____ in China since childhood, John is accustomed to Chinese culture in every respect. Thus, he doesn't hesitate to find a job in China

A. Having been brought
B. Brought up
C. To bring up
D. Bring up

12 _____ with the Denishhawn company from 1916 until 1923, Marha Graham developed a powerful expressive style.

A. Having associated
B. To be associated
C. Associating
D. Associated

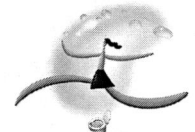

G-TELP
문법 끝판왕 500제

PART 6

정답률을
높인다!
준동사&조동사

PART 6 정답률을 높인다! 준동사&조동사

조동사

1 have가 없을 때

1) will
   - 미래: ~할 것이다.

2) can
   - 능력: ~할 수 있다.
   - 허가: ~해도 된다.
   - 요청: ~해 주시겠습니까?
   cannot be
   - 강한 부정적 추측: ~일 리가 없다.

3) may
   - 추측: ~ 일지도 모른다.
   - 허가: ~ 해도 된다.

4) must
   - 강한 추측: ~임이 틀림없다.
   - 의무: ~해야 한다.

5) had better
   - 충고: ~하는 게 낫다.

6) should
   - 의무: ~해야 한다.

7) would
   - will의 과거: ~했을 것이다.
   - 과거 일정 기간동안의 행위: ~하곤 했다(=used to)
   - 행위대상의 고집: ~하려고 고집했다.
   - 권유: ~하시겠습니까?

8) would like + N: ~을 원하다.
   would like to + RV: ~을 하고 싶다.

2 조동사(주로 과거형) + have p.p일 때

1) could have p.p
   - 과거의 능력: ~할 수 있었다.

2) might have p.p
   - 과거의 약한 추측: ~였을지도 모른다.

3) must have p.p
   과거의 강한 추측: ~였음에 틀림이 없다.

4) should have p.p
   과거의 의무: ~했어야만 했다. (결국 못 했다.)

5) would have p.p
   과거 일반적 추측: ~했을 것이다.

준동사 동사가 변형되어 다른 품사(명사 or 형용사)로 쓰임

1 to 부정사(to-V)

1) 명사적 용법: 주어, 목적어, (동격의 주격)보어 역할
   - 주어: to 부정사가 주어로 나오는 경우는 극히 드물고 된다 하더라도 능동 형태
   ➡ to V 형태만 나오고 수동형태인 To be or To have been 형태는 X

   Ex) **To keep** early hours is good for health.
   - 목적어: to 부정사만을 목적어로 취하는 동사
   ➡ decide, expect, hope, learn, need, want, wish, plan, would like, allow, enable, tell, advise, teach, ask, order 등

   Ex) She decided **to stop** her project.
   - 보어

   Ex) His only fault is **to eat** too much.

   - 의문사 + to 부정사:
   ➡ how to: 어떻게 할지
   ➡ what to: 무엇을 할지
   ➡ when to: 언제 할지
   ➡ where to: 어디서 할지

2) 형용사적 용법
   - 형용사처럼 <u>명사를 뒤에서</u> 꾸민다. to 부정사가 바로 앞에 있는 명사를 꾸밀 경우 '~할'로 해석한다.

   Ex) It is time **to study**: 공부해야 할 시간이다.
   - be to 용법: 가능(~할 수 있다), 운명(~할 운명이다), 의도(~하려면), 예정(~할 것이다), 의무(~해야 한다)

3) 부사적 용법: 부사처럼 **동사, 형용사, 부사**를 꾸민다.

- 목적: ~하기 위해서(=in order to, so as to)

    Ex) She studied hard **not to fail** in the exam.

    = She studied hard so as **not to fail** in the exam.

    = She studied hard **in order not to fail** in the exam.

- 감정의 원인: 감정을 나타내는 형용사/동사의 뒤에서 '~해서'로 해석된다.

    Ex) I am very glad **to see** you.

    　　I was surprised **to see** my x-boyfriend here.

- 결과: '~해서 ~다'의 의미를 나타낸다.

    Ex) He grew up **to be** a great president.

◉ 원형 부정사

- 지각동사(see, look at, watch, hear, listen to, feel, smell)
  : 2형식(S+V+C) or 5형식(S+V+O+O.C) 문장, 보어 자리에 원형부정사 혹은 현재분사(~ing)
  Ex) He felt himself **to tremble** with the cold.

- 사역동사(have, let, make)
  : 5형식 문장, 보어 자리에 원형부정사만 올 수 있다. 단, help는 to 부정사, 원형부정사 둘 다 가능
  Ex) Mother made me **to turn off** my computer.

- ✓ 지각동사, 사역동사가 5형식(S+V+O+O.C)으로 쓰일 때 목적어가 '~되다'라는 수동적 의미의 목적보어를 취하면 보어 자리에 과거분사(~ed)의 형태가 쓰인다.
  Ex) I saw a boy **crossed** the street.

2 동명사(V-ing)

: 동사의 뜻을 가지면서 명사의 역할(주어, 목적어, 동격의 주격보어)을 한다.

1) 주어

- **Eating** vegetable is good for health

2) 동격의 주격 보어

- **My** goal is **scoring** 100 in G-TELP

3) 목적어

동명사만을 목적어로 취하는 동사

➡ enjoy, keep, practice, finish, mind, give up, stop, imagine, quit, put off, suggest

- Her parents **enjoy** <u>running</u> a marathon

4) 전치사의 목적어

- Mom is good at <u>cooking</u>

PART 6_연습문제

1. The Korean Bank has recently passed a bill cutting down the interest rate from 2.0% to 1.75%. Before the passage of that bill, people _____ more interest from their savings.

   A. can get
   B. will get
   C. are getting
   D. could get

2. The movie seemed comic for a while and there was not a sign of a ghost. However, when a ghost suddenly came out, the movie became a _____ scene.

   A. frightened
   B. frighted
   C. frightening
   D. frightfully

3. It's not that surprising that some of the richest people had a painful past. For that kind of people, _____ what they were like was often a pain not to think it again.

   A. having remembering
   B. to remember
   C. having remembered
   D. have been remembered

4 The refractory horse was eliminated from the race when the horse refused _____ the jockey. It was because of everyone's safety.

A. obeying
B. obeyed
C. to obeying
D. to obey

5 _____ a new car before you've actually gotten a raise seems to be putting the cart before the horse. You'll get in trouble in case you don't get a raise.

A. Buy
B. Buying
C. To be bought
D. Being bought

6 People cannot make an order on their own. Anyone _____ office supplies should first check with their division supervisor.

A. orders
B. ordering
C. ordered
D. would order

7 Your belongings must go through inspection before _____ on the flight.

A. putting
B. being put
C. be put
D. put

8 It is imperative that we _____ be open, sincere, honest, and truthful in all our business dealings.

   A. would   B. could
   C. should   D. might

9 To participate in the KL Ride 2010 cycling event with a knee injury _____ have been difficult, but Vincent was a strong guy and he overcame it.

   A. can   B. should
   C. must   D. will

10 The researchers suggest that the medication _____ be harmful to patients with some terminal diseases.

   A. need   B. ought
   C. must   D. may

11 _____ rid of any possible allergens, hardwood floors and leather furniture is a healthier choice.

   A. Get   B. Gotten
   C. Having gotten   D. To get

12 Because Gwyneth chose to think for herself, she often felt _____.

   A. ostracizing   B. ostracize
   C. ostracized   D. being ostracized

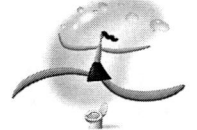

G-TELP
문법 끝판왕 500제

모의고사
1회~16회

G-TELP 문법 모의고사 1회

1 To keep up with global trends, many people are taking Chinese lessons. They are now aware of the necessity of learning _____ in their life.

   A. how to use Chinese well
   B. what Chinese they use well
   C. why they use Chinese well
   D. where to use Chinese well

2 Recently, many politicians are arguing on public official's pension problems. Many people insist that it _____. Lawmakers are now discussing whether to reduce it or not.

   A. reduces   B. be reduced
   C. has reduced   D. reduce

3 Because Kevin didn't have a chance to date with girls, he didn't know exactly what to do when he met Mary. He was not sure to go shopping or _____ for a lunch with her.

   A. to go out   B. going out
   C. went out   D. had gone out

4. James Bond must have had many die-hard fans over the years, but _____ compares to a 23-year-old British man who has officially changed his name to include all 007 movies.

   A. nothing
   B. no
   C. neither
   D. none

5. Having recovered from its financial crisis, fortunately, the labor union now has more income than it _____.

   A. would
   B. could
   C. used to
   D. might

6. Kevin's account _____ the opinions of his contemporaries accurately. Thus, many people like to listen to his stories.

   A. depicting
   B. depicts
   C. is depicted
   D. had depicted

7. In these communities, everyone of similar age and sex wears much _____ clothing. So, when I came to know that truth, I was shocked.

   A. each same
   B. a same
   C. same
   D. the same

8 Jason had too many errands to take care of – from picking up groceries to _____ his son at the day care.

  A. drop off
  B. dropping off
  C. dropped off
  D. be dropped off

9 Police are partly to blame for these attacks, because if they had been more careful and ready, no such attacks _____.

  A. had happened
  B. would have happened
  C. happened
  D. would happen

10 The Central Pacific had _____ task of the two, because it was forced with traversing the Sierra Nevadas.

  A. more difficult
  B. the more difficult
  C. most difficult
  D. the most difficult

11 _____ poor in the past is no shame, but being ashamed of it is.

  A. Being
  B. Having been
  C. To have been
  D. To be

12 Judicial conduct refers to the high standard of personal conduct that _____ expected of judges, both in court and in public.

  A. is
  B. are
  C. be
  D. will

13 It's not that surprising that some of the smartest people had a painful past. For that kind of people, _____ what their past was like is often a pain that really hurts.

A. having remembering
B. to remember
C. having remembered
D. have been remembered

14 Almost everything depends on our effort. For example, if employees _____ for the company's important project, they could get promoted to some good position.

A. had worked hard
B. have worked hard
C. worked hard
D. work hard

15 The airplane is enabling the tourists _____ wherever they want. It makes people convenient when they go abroad.

A. go
B. to go
C. went
D. going

16 There are many things for health trainers to consider. Among them, the number one nutritional concern for health trainers _____ they are getting as much as nutrition as they need.

A. is that
B. are that
C. is what
D. are what

17 The development of the radio into a worldwide force _____ relatively quickly. It was a fascinating invention for many people.

   A. is occurred   B. has been occurred
   C. occurred   D. was occurred

18 The cremated remains of Roger, who was often playing his ebony-and-silver clarinet, _____ in the instrument he had played for over 50 years.

   A. buried   B. was buried
   C. were buried   D. had buried

19 The new trade treaty is a highly _____ agreement, which no one seems to fully understand. I think it should be more understandable for everyone.

   A. complicated   B. complicating
   C. complicates   D. to complicate

20 It is important that every engineer in the design department _____ the installation of the new drafting software within the next ten days.

   A. may complete   B. can complete
   C. completes   D. complete

21. Ms. Moore had to turn around and drive home yesterday because she _____.

   A. her wallet had forgotten bringing
   B. bringing her wallet had forgotten
   C. had forgotten to bring her wallet
   D. had forgotten her wallet to bring

22. There is a table at the front door _____ in old books that we need to clear out to make way for a new supply of books.

   A. covers
   B. covering
   C. covered
   D. to cover

23. Colonization is a specific form of cultural and economic exploitation _____ has developed with the expansion of the West for a long time.

   A. what
   B. that
   C. whatever
   D. whichever

24. Chris practiced soccer for ten hours a day, _____ to defend his VIP title in the upcoming soccer competition.

   A. determine
   B. determined
   C. have determine
   D. determining

25 By the time Harry gets this mail, James _____ for the trip to Europe to refresh his mundane life.

   A. am leaving   B. will leave
   C. will have left   D. will be left

26 If you are encountering any problems while you study, please do not hesitate _____ professors or any assistants.

   A. to ask   B. to be asked
   C. asking   D. being asked

G-TELP 문법 모의고사 2회

1 After Jane told Tom that she had no money to raise her children, Tom gave Jane some money to help her. And at that time, he insisted that she _____ the money.

A. had taken
B. take
C. taking
D. would take

2 DNA is enabling the police all over the world _____ down and capture criminals. It makes people certain about their safety.

A. track
B. to track
C. tracked
D. tracking

3 A former judge has been sentenced to four years in _____ for trying cocaine while he presided over jury trials.

A. a prison
B. the prison
C. prisons
D. prison

4 A South African man who was canoeing off the Nahoon River _____ after he mistakenly grabbed the tail of a dangerous Zambesi shark.

A. was badly hurt
B. was bad hurt
C. badly hurt
D. bad hurt

5 The oriental fruit fly causes extensive damage to grapefruit, lemons and oranges, but _____ harm to the trees on which the fruit grows.

A. have not given
B. do not give
C. did not give
D. does not give

6 Some people have urged that smokeless tobacco _____ to smokers as a less dangerous alternative to cigarettes.

A. be promoted
B. promoted
C. was promoted
D. is promoted

7 A woman was left surprised when a dog _____ in the refrigerator of her new apartment on Saturday.

A. found deadly
B. found dead
C. was found deadly
D. was found dead

8 Skimming along the surface of the ocean, jellyfish are perfectly adapted to _____ aquatic habitat.

A. its
B. his
C. her
D. their

9 Seeds not in the store's inventory are shipped as soon as they are in season so that you _____ fresh, viable material.

A. are assured
B. assure
C. is assured
D. assured

10 If we hadn't already had passports, we _____ in the conference. The conference was greatly helpful to us.

A. doesn't participate
B. won't participate
C. wouldn't participate
D. wouldn't have participated

11 We _____ often go to Kenny's Burger Bar after watching a show at the Lido Theater when young.

A. once
B. used to
C. might
D. ought to

12 Recently, and rather _____, 80 members of the Nukak-Maku tribe wandered out of the wilderness and said they were ready to join modern civilization.

A. mysterious
B. mystery
C. mysteriousness
D. mysteriously

13 People would have been better off, in purely practical terms, _____ for the tax cuts of recent years.

A. having it not been
B. not having it been
C. it not having been
D. had it not been

14 Because Karl didn't have a chance to date with girls lately, he didn't know exactly what to do when he met Jane. He was not sure to go to watch a movie or _____ for a walk with her.

A. to go out
B. going out
C. went out
D. had gone out

15 Britney Spears must have had many die-hard fans over the years, but _____ compares to a 18-year-old girl who has gone all of her concerts.

A. nothing
B. no
C. neither
D. none

16 Even as prospects for the American economy _____, consumers are about to face a new financial burden: a sustained period of rising interest rates.

A. brighten
B. brightens
C. is brightened
D. does brighten

17 The Web has made it easy for people _____ information and expertise in the global electronic village. It ultimately increases people's intelligence and common sense as well.

A. to exchange
B. exchanging
C. exchange
D. exchanges

18 The scraps of materials the women collected _____ made into a quilt they put up for auction.

A. was
B. were
C. has been
D. have been

19 We are anxious to hear if any progress _____ at your end since the meeting.

A. makes
B. is made
C. has made
D. has been made

20 _____ any problems with your Webmail account, contact us using the below details. It is our pleasure to help you.

    A. Had you had   B. Should you have
    C. Have you had   D. Were you having

21 Running is _____ to stay in shape but it is an escape route when she's in distress.

    A. she does not do anything   B. anything she not does
    C. not something she does   D. nothing what she does

22 People like to insist their own ideas to others. They sometimes force others to follow their orders without any disagreement. If those people had been more open-minded, many of discontent employees _____ more satisfied with their work environment.

    A. should have been   B. could have been
    C. will be   D. may be

23 Since its first publication in 1923, "The Prophet," a collection of twenty-six prose poems, _____ more than nine million copies.

    A. were sold   B. was sold
    C. has sold   D. have sold

24 Most people at the conference on English-Japanese relations believed that Yamamoto Sato was _____ suited for the host of the event.

A. idealistic
B. idealist
C. ideally
D. ideal

25 Once _____, the desirable coffee flavors have been extracted and only bitter undesirable ones are left.

A. brewing
B. brewed
C. to brew
D. you brew

26 The trade gains will exceed the foreign assistance provided by the rich countries _____ are members of the OECD.

A. who
B. what
C. of which
D. which

G-TELP 문법 모의고사 3회

1 _____ come up to Mr. Kent and asked him how he manages to get so much work done and still keep looking so great.

    A. A great many people has   B. A great many people have
    C. Great many people have   D. Many great a people have

2 Without timely warnings of the heavy rain, the nation was hardly prepared _____ the disaster.

    A. to cope with   B. to cope
    C. for coping with   D. for coping

3 Karen had a job interview in a consulting company. Had she been selected, she _____ as a competent consultant in a good mood now.

    A. would be worked   B. would have been working
    C. could work   D. worked

4 The uncontrollable lion was excepted from the circus when the lion refused _____ the trainer. It was because the trainer should consider everyone's safety.

A. obeying
B. obeyed
C. to obeying
D. to obey

5 A recent study of American families _____ they are becoming more and more individualized because they spend time together less than the past.

A. show that
B. show what
C. shows that
D. shows what

6 Some items _____ be prepared the day before the party as there won't enough time to do everything on the same day.

A. might
B. could
C. should
D. would

7 William decided to abandon his position as a doctor. Thus, he told his fellow doctors that he _____ the hospital. What he wanted was doing something special for his own life

A. would have left
B. is leaving
C. was going to leave
D. leave

8 The temperature _____ dramatically moments right before it snowed heavily. Due to the snow, our village became a white world.

A. will drop
B. had dropped
C. has dropped
D. will be dropping

9 Profit _____ by a listed company on the stock exchange may be utilized in two different ways.

A. earning
B. to earn
C. is earned
D. which is earned

10 Teachers are partly to blame for these bad scores, because if they had been more careful and prepared, students _____ such bad scores on their SAT test.

A. had gotten
B. would have gotten
C. got
D. would get

11 _____ at the shelter when the earthquake shook the island.

A. Had arrived Rose hardly
B. Rose had arrived hardly
C. Hardly Rose had arrived
D. Hardly had Rose arrived

12 Dante, _____ this book based on many of the known facts of his time, did a very good job of interpreting the facts about the people who he was around.

A. to write
B. written
C. writing
D. wrote

13 When the shirt you were planning to wear is in the wash, you don't stop _____; you simply put on something else.

A. to think about it
B. thinking about it
C. to think it
D. thinking it

14 The letter from her famous uncle gave him access to many famous movie stars she _____ capable of meeting otherwise.

A. would never be
B. would never have been
C. had never been
D. was never

15 _____ to stop illegal immigration into the United States with a fence. It is because there are so many people who try to go beyond that a fence will become useless.

A. We are impossible
B. It is impossible
C. Impossible we are
D. Impossible it is

16 Kids will choose _____ is in the vending machines whether it is healthy or not. Thus, it is important to teach them how to discern healthy foods.

A. whenever
B. whatever
C. whichever
D. whoever

17 Kelly can speak Chinese but when it comes _____ she still has a lot of work left to do. However, she doesn't think it as a burden, but a motivation.

A. to read and to write
B. reading and writing
C. to reading and writing
D. to read and write

18 The company is responsible for _____ of traffic in some areas, despite the fact that it is not bandwidth-intensive.

A. as many as two percents
B. as many as two percent
C. as much as two percents
D. as much as two percent

19 He's only two - you cannot blame him for _____. I think it is not a good idea to expect much from that young child.

A. behave bad
B. behave badly
C. behaving bad
D. behaving badly

20 Prices had increased _____ slowly that it was easier for borrowers to go through foreclosure than sell at a profit to get out of a loan.

A. quite
B. such
C. so
D. very

21 Although Kate was usually a good daughter, she sometimes disobeyed to her parents' order. If she had showed more respect and receptive attitude to them, she _____ more peacefully with them.

A. would live
B. will have lived
C. should live
D. might have lived

22 According to one report, approximately eighty percent of all the information stored in all the world's computers _____ in English. It means that English's impact on our society is really huge.

A. is
B. are
C. is being
D. are being

23 Some of the earliest human settlements _____ on floating reed islands in the wetlands of Mesopotamia.

A. are built
B. had built
C. were built
D. have been built

24 The judicial system of colonial Maryland _____ on English precedents adapted to the provincial needs.

A. modeled
B. to model
C. modeling
D. was modeled

25 Patty Schnyder practiced ten hours a day, _____ to defend her Australian Women's Hardcourt tennis title.

A. determine
B. determined
C. have determine
D. determining

26 _____ details of personal experiences is important for monitoring and maneuvering relationships. If we forget about something important, we can get in trouble.

A. Remembered
B. Remembering
C. Have remembered
D. Having remembering

G-TELP 문법 모의고사 4회

1 Jack has been studying Chinese for the past five years, but he still has _____ with grammar. He concludes that it is difficult to speak Chinese well.

A. trouble
B. a trouble
C. the trouble
D. any trouble

2 If you are encountering any difficulties, please do not hesitate _____ myself or any Blue Arrow staff on board.

A. to ask
B. to be asked
C. asking
D. being asked

3 The band was in _____ when their drummer broke his arm before a concert.

A. the quite dilemma
B. quite dilemma
C. the dilemma quite
D. quite the dilemma

4. According to a recently released survey, one in every three marriages _____. Compared to 1990s, this rate has increased very much.

   A. end in divorce
   B. ends in divorce
   C. end in divorces
   D. ends in divorces

5. A man furious about the commotion he was hearing from above his apartment leaned out his window to find himself _____ his falling neighbor.

   A. catch
   B. to be caught
   C. catching
   D. caught

6. The president vetoed a bill that _____ perhaps have funded controversial but potentially life-saving research.

   A. must
   B. might
   C. should
   D. ought to

7. Those who are in good physical condition and have the desire _____ in emergency fire activities should volunteer for the fire department.

   A. participating
   B. to participate
   C. that participate
   D. being participated

8 By the time Henry gets this message, Jane _____ for the chapel to get married.

A. am leaving
B. will leave
C. will have left
D. will be left

9 John F. Kennedy, the thirty-fifth President of the United States, _____ assassinated on November 22, 1963. This accident still remains controversial among many people around the world.

A. has been
B. have been
C. were
D. was

10 Recently, economics professors are facing some serious problems. They are encouraged to propose some specific solutions to current economic recession. Thus, professors _____ some proper ways to respond to current situation.

A. now discuss
B. has now discussed
C. were now discussed
D. are now discussing

11 An aging society means fewer workers will support more retirees, with pensions and healthcare costs _____ high.

A. rise
B. risen
C. rising
D. to rise

12 _____ as a large automobile dealer in Korea, we wish you to avail yourselves of our services as selling agents.

A. Having highly reputed
B. Highly reputing
C. Being reputed highly
D. Having been highly reputed

13 It was recommended that further data _____ to establish the extent of utilization of these rivers by coho salmon.

A. be collected
B. was collected
C. collect
D. collected

14 _____ the information indicated that civilians were present in the building, the attack would not have been carried out.

A. Had
B. If
C. Were
D. Should

15 _____ in jungle since childhood, Kate is a genuine risk-seeker in every respect.

A. Having been brought
B. Brought up
C. To bring up
D. Bring up

16 I think that many things depend on our effort. For example, if people _____ during their life, they could get satisfactory results which can make them happy.

A. had worked hard
B. have worked hard
C. worked hard
D. work hard

17 The problem does not involve languages but different lifestyles. We recommend _____ our training system to improve the relationship between them.

A. upgrading
B. to upgrade
C. upgraded
D. upgrade

18 Only near the end of the nineteenth century _____ to the United States. Since then it has been welcomed by very many people.

A. beagles were introduced
B. beagles introduced
C. did beagles introduce
D. were beagles introduced

19 _____ the surface of the Earth, atmospheric pressure decreases almost linearly with increasing altitude.

A. Near
B. Nearly
C. Nearby
D. Nearest

20 Parenting on any level can be expensive, but adoption has a unique list of upfront costs _____ can be extraordinarily challenging.

A. as
B. what
C. where
D. that

21 The three-inch Phyllonotus regius snail devours and clams by drilling into their shells and _____.

A. the meat sucking out
B. sucks out the meat
C. sucking out the meat
D. the sucked meat out

22 People make predictions about what will happen to them _____ are based on their ideas of their own ability or value.

A. what
B. that
C. of which
D. of that

23 The greenhouse effect is _____ that aids in heating the Earth's surface and atmosphere. However, we should take some actions to lessen the effect of it.

A. a natural occurred process
B. a naturally occurred process
C. a natural occurring process
D. a naturally occurring process

24 Of all the basketball players, it was Conner who played the game _____. Thus, there are many fans who support him during the basketball game.

A. more skillful
B. more skillfully
C. most skillfully
D. the most skillful

25 Dan was just interviewed for a position as a professor in a university. If _____ for the position, he shall become a member of a prestigious conference.

A. selected
B. select
C. will select
D. to select

26 _____ they left the military, Bill and his wife have been unable to find civilian jobs. Thus, they have been having hard time living in the city.

A. If
B. While
C. Since
D. As soon as

G-TELP 문법 모의고사 5회

1 Coral reefs can stretch for hundreds of kilometers, _____ easily visible from space.

A. enough long be to
B. long to be enough
C. enough long to be
D. long enough to be

2 Maple Grove votes to go smoke-free but concerns continue _____ over the ban's effect on the business community. Many smokers are opposing to the bill right now.

A. lingered
B. to linger
C. by lingering
D. they linger

3 Doctors as Bagram Air Base _____ to find unexploded ordnance lodged in an Afghan soldier's head, which was removed by surgery later.

A. were stunning
B. were stunned
C. stunning
D. stunned

4 The good news is that a number of countries in the region _____ measures to mitigate the impact of imminent demographic changes.

A. has begun being considered
B. have begun being considered
C. has begun considering
D. have begun considering

5 I regret _____ you that your application will not be accepted this time. Please apply for the next opportunity.

A. informing
B. to inform
C. having informed
D. to have informed

6 While waiting for her boyfriend Kevin at the movie theater, Jane decided to look around the new theater. She _____ the new theater when he arrived.

A. is still wandering
B. wanders
C. was still wandering
D. wandered

7 The 7.8-magnitude earthquake happened at Nepal caused a big casualties. Unfortunately, many people were died due to the disaster. People were not well prepared for the earthquake, as people _____ that such an earthquake would happen.

A. are predicting
B. have predicted
C. will have predicted
D. had been predicting

8 Willson will stage another major solo exhibits as a way of celebrating his 10-year-long commitment to the German art scene. He started painting at seven, and by next year, he _____ for over 10 years.

A. had painted
B. will have been painting
C. is painting
D. has been painting

9 The company encountered a range of _____ that needed to be overcome last year.

A. a technical problem
B. the technical problem
C. technical problems
D. the technical problems

10 Some people have urged that caffeine-less energy drinks _____ to customers as a less dangerous alternative to high-caffeine energy drinks.

A. be promoted
B. promoted
C. was promoted
D. is promoted

11 Professor Willson's lecture on Global innovation management was easy _____. Thus, his lecture is popular among international business major students.

A. to understand
B. to be understood
C. understanding
D. understood

12 _____, used in computers for storing data in large quantities, has been failing rapidly for many years.

A. The cost of hard drives
B. How the cost of hard drives
C. The cost of hard drives which
D. That the cost of hard drives

13 _____ special experiences is important for remembering happy moments. If we forget about something important, we will regret in the future.

A. Took notes of
B. Taking notes of
C. Have taken notes of
D. Having taking notes of

14 The dispute between the U.S. and China _____ White House's attempts to continue the nuclear negotiations since 2014.

A. was confused
B. to be confused
C. confused
D. has confused

15 _____ no bus service, they had to walk all the way. It was cold outside, so they were sad about the fact that they have to walk to go home.

A. Having been
B. Being
C. It being
D. There being

16 _____ that we may regret a decision may induce us to take the decision seriously. Some decisions can result in unexpectedly huge effect.

A. Anticipate
B. Anticipated
C. Anticipating
D. Anticipates

17 Under no circumstances _____ your 16-year-old daughter permission to smoke. You should make your daughter aware that it is harmful to smoke.

A. you should give
B. should you give
C. do you should give
D. you give

18 Your current company is under obligation to hold your position, or one that is _____ equal status and pay, until you return from military service.

A. of
B. with
C. by
D. in

19 _____ any problems with your Webmail account, contact us using the below details. Do not hesitate to contact us.

A. Had you had
B. Should you have
C. Have you had
D. Were you having

20 A woman is organizing a 30th birthday party on January 7, _____ she will take off an apron she has worn every day for her married life.

A. which
B. that
C. what
D. when

21 Most people at the conference on English-Japanese relations believed that Yamamoto Sato was _____ suited for the host of the event.

A. idealistic
B. idealist
C. ideally
D. ideal

22 Keeping your leather sofa cleaned and _____ regularly with the proper conditioner helps to prolong its life. If you take a good care, you can use it for a long time.

A. feed
B. feeds
C. feeding
D. fed

23 Teens dealing with this type of shock may have some difficulty with sorting out _____ is real from fantasy.

A. which
B. that
C. whose
D. what

24 Many traditional parents measure their success in bringing up their children in terms of _____. However, many people disagree with them.

A. how good they control them
B. how well they control them
C. how they control them good
D. how they control them well

25 My friend, Bret, had been very quiet about his planned trip to Paris. Not surprisingly, he _____ to the airport when he finally decided to call and tell us about his trip.

A. drove
B. has driven
C. must have driven
D. was driving

26 Most of the money Rockefeller donated to organized charities when he was alive _____ intended for educational institutions and scientific research.

A. have been
B. has been
C. was
D. were

G-TELP 문법 모의고사 6회

1 A launching of a music television channel for Africa is _____ next month by MTV. It will make many people happy to watch the channel.

A. being taking place
B. to be taken place
C. to take place
D. taken place

2 The new edition of the book, published to coincide with the release of the film, _____ expanded comments by the author's daughter.

A. included
B. including
C. includes
D. include

3 We regret _____ been able to accommodate your request to extend payments to cope with your foreign exchange related problems.

A. not having
B. having not
C. not to have
D. to have not

4 The charity organization is making a calendar that will feature 12 symbolic creatures with strategically placed objects _____ typical abilities of them.

A. showed
B. show
C. to be showed
D. showing

5 Nearly 50 military personnel _____ in landslides triggered by heavy rains that pounded the central part of the peninsula Friday.

A. killed
B. were killed
C. kill
D. was killed

6 The management will _____ three Korean directors and five American directors, including the president.

A. be consisted of
B. consist of
C. be consisted
D. consist

7 Flavor variations come from blending teas _____ aromatics like vanilla or orange.

A. added
B. to add
C. adding
D. to adding

8 The transferred parasite undergoes changes that _____ the normal defenses of the human immune system.

A. enables to evade
B. enable to evade
C. enables it to evade
D. enable it to evade

9 Tropical forests exist close to the equator, where both high temperatures and abundant rainfall _____ year-round.

A. occurs
B. occur
C. is occurred
D. are occurred

10 The scraps of materials the artist collected _____ made into an incredible art work which attracted many people's attention.

A. was
B. were
C. has been
D. have been

11 First turn off the system unit if you suspect your computer _____ by a harmful virus. If not, you will get in trouble.

A. will be tampered with
B. has been tampered with
C. had been tampered with
D. will have been tampered with

12 During the Middle Ages childhood was not _____ of life. However, as time goes by, this perception has changed in the academic world.

A. separately recognized as stages
B. recognized as separated stages
C. recognized as a separate stage
D. staged as separate recognitions

13 The KatCanDo charity is making a calendar that will feature 12 nude people with strategically placed objects _____ their embarrassing bits.

A. covered
B. cover
C. to be covered
D. covering

14 Paul was patient enough to explain _____. I felt sorry because I asked him fairly many questions.

A. me about the whole plan
B. the whole plan me
C. to me the whole plan
D. me the whole plan

15 While not entirely sure, I suspected that my friend _____ run our new business better than I. However, my modest friend says that it is not true.

A. must
B. used to
C. could
D. should

16 We would appreciate _____ a catalogue of your rubber boots together with terms of payment and the largest discount you can allow us.

A. you to send us
B. you sending us
C. you're sending us
D. for you to send us

17 Take a moment to take a look at this book, _____ will be of interest to you. If not, I will buy you some delicious coffee.

A. that I am sure of
B. which I am sure
C. for which I am certain
D. for which I sure am

18 Diplomacy is _____ but Alice is good at it and the team really needs somebody in that role.

A. she enjoys not particular something
B. anything particular she not enjoys
C. not something she particularly enjoys
D. nothing what she particularly enjoys

19 _____ writing this essay about the Korean War, I came to better understand our country's history.

A. In
B. On
C. With
D. For

20 The newly released sleep aid Lunesta is _____ proven to provide up to 7 to 8 hours of sleep.

A. clinics
B. clinically
C. clinical
D. clinician

21 Once _____ by gray, artificial, concrete embankments, the river has been beautified with wild flowers and vines instead.

A. surrounded
B. surrounding
C. being surrounding
D. having surrounded

22 Following last week's attack at Rockaway Mall, _____ threat of violence directed at Browntown Middle School was discovered on Sunday.

A. some
B. other
C. another
D. the other

23 The textile company was profitable and experts expected _____ to survive even without subsidies from the local government.

A. that
B. themselves
C. those
D. it

24 _____ many ancient cultures used dreams as guideposts, the practice has not been common in modern times.

A. Since
B. While
C. Unless
D. Because

25 If the OK signal _____, everyone at the barbecue party would have thrown themselves right on to the irresistible sweetseasoned ribs.

A. was giving
B. had given
C. had been given
D. was being given

26 Mr. Damon would be shift supervisor by now _____ been involved in the embezzlement scandal.

A. not having him
B. had he not
C. he hadn't
D. hadn't he

G-TELP 문법 모의고사 7회

1 Sprinkling salt on the top and at the bottom of garden walls _____ to keep snails from climbing up or down. It is a beneficial knowledge for gardeners.

A. say
B. says
C. is said
D. are said

2 Jack _____ by a court after he jokingly made a 'bomb' comment while on board a flight to Indonesia. He couldn't deny his misbehavior.

A. has fined
B. fined
C. had been fined
D. was fined

3 You can create services in a package _____ ServPacks that we market and you sell online. It will be convenient to you in many aspects.

A. call
B. have called
C. called
D. have been called

4 Even though Jason made a serious blunder, he'll never admit _____ anything wrong.

A. to do
B. to doing
C. to have done
D. being done

5 If there had been a driver and a match, McGayne _____ have fixed the clock in no time at all.

A. should
B. ought to
C. must
D. could

6 There is a table at the front door _____ in old books that we need to clear out to make way for a new supply of books.

A. covers
B. covering
C. covered
D. to cover

7 The rich man offered a big reward to _____ could recover his abducted son. Thus, many people are trying to find him as soon as possible.

A. who
B. anyone who
C. what
D. whomever

8 _____ all these difficulties, Jason refused to give up. From this aspect, we can know that he has a very strong will.

A. Despite of
B. Despite
C. Though
D. However

9 Mrs. Kim was inducted into the Tune Awards Hall of Fame for her twenty successful years in country music. She _____ for 10 years, and has no plan to retire anytime soon.

A. had been singing
B. has been singing
C. will have been sung
D. would have been sung

10 The mayor in Paris is inviting people to a press conference on Saturday at Hilton Hotel. He _____ his plans to host a big movie festival in 2020.

A. will have been declaring
B. declares
C. will be declaring
D. will have declared

11 Originally from Venezuela. _____, arepas are perhaps best described as cornmeal-based English muffins.

A. so said it is
B. it is said so
C. so it is said
D. it so is said

12 Inside a house floating on a lake in one of Thailand's national parks _____ a 53-year-old man quietly with his eyes closed.

A. sit
B. has sat
C. have sat
D. sits

13 Martin impressed everyone by mentioning that a famous novelist was an old friend of _____ from high school.

A. his
B. him
C. he
D. he's

14 The rescue team yesterday discontinued its efforts to find 14 British tourists missing on a remote Japanese island, as they _____ everywhere.

A. will look
B. had looked
C. were looking
D. have been looking

15 As a science teacher, Adele began to research the difficulty _____ her students encountered science concepts.

A. that
B. in that
C. which
D. with which

16 When the disgraced politician addressed the media, he spoke _____ nothing untoward had occurred.

A. regardless of
B. rather than
C. whether
D. as if

17 The letter of introduction from his famous uncle gave him access to many important people he _____ able to meet otherwise.

A. would never be
B. would never have been
C. had never been
D. was never

18 After Sue gave in to her husband's pleas that she _____ to the hospital, an ultrasound revealed a cyst on her left ovary.

A. went
B. had gone
C. go
D. goes

19 Carl confessed that he _____ the crime if he had known how much it would hurt the victim's family.

A. didn't commit
B. hadn't committed
C. wouldn't commit
D. wouldn't have committed

20 It's our belief that the banks will have to make account information available to _____ their customers decide they want the information to be made available to.

A. who
B. which
C. whoever
D. whichever

21 Farmers' markets seem to have lost their loyal customers, the ones who have gotten used to _____ from farmers and local farm shops.

A. buy
B. buying
C. have bought
D. having bought

22 According to the lawsuit, prison officials told Merle he _____ for his own safety because he was the alleged leader of a criminal enterprise.

A. is segregated
B. was segregated
C. had been segregated
D. to be segregated

23 It was not until I went on a foreign tour _____ it was inconvenient not to be able to make myself understood.

A. what I knew
B. that I knew
C. what did I know
D. that did I know

24 John Barrett headed out into the deeper waters with his dog _____ him, until suddenly he appeared to have lost his enthusiasm and turned back towards the beach instead.

A. followed
B. following
C. having followed
D. having been followed

25 As Americans live longer, it is suggested that health promotion activities are all _____ these individuals will have more years to benefit from preventive services.

A. as important as
B. most important because
C. more important
D. the more important because

26 _____ the recent spate of school shootings, Hamerline Elementary is hiring an additional security guard.

A. Gave
B. Given
C. To give
D. Having given

G-TELP 문법 모의고사 8회

1 Because soapstone is not affected by high temperatures or acids, _____ in laboratories for tabletops, sinks, and some chemical equipment.

A. it often used
B. it often uses
C. it is often used
D. often is it used

2 Sleep is critical to good health, but how many hours of sleep _____ needed to keep fit?

A. is
B. are
C. have
D. has

3 Anton proposed _____ with Natasha, though he had a wife by a former secret marriage. Thus, Natasha refused to his proposal due to ethical reasons.

A. elope
B. eloping
C. for eloping
D. to have eloped

4 The survey found _____ the most preferred winter sports in Europe. In reality, there are very many people who eager to go skiing in the winter.

A. it skiing to be
B. it skiing being
C. skiing to be
D. skiing being

5 _____, she rented out her basement to some students. It was beneficial to both of them.

A. To meet ends
B. Made ends meet
C. Making ends meet
D. To make ends meet

6 Please note that we moved into our new building and therefore, all future communications _____ be made to the new address mentioned above.

A. might
B. should
C. could
D. would

7 _____ with atheists, Julian doubts there is some kind of supernatural power. Thus, he doesn't listen to others who support the existence of supernatural power.

A. To bring up
B. To be brought up
C. Having brought up
D. Having been brought up

8 Not only is seismology applied to determining the depth of the ocean floor, but it _____ oil. Thus, it is really useful in many aspects.

A. used to locate
B. used to locating
C. is used to locating
D. is used to locate

9 Some maple trees are raised for their sap, _____ has a high sugar content and yields sugar and syrup.

A. which
B. in which
C. what
D. that

10 The students _____ the most diligent in my class are Peter and Sunny. They always do their best to achieve their own goals.

A. thought of to be
B. thought to being
C. who are thought of
D. who are thought to be

11 It's not that surprising that almost all of the disabled people had a painful past. For that kind of people, _____ how they were ridiculed was often a pain not to think it again.

A. having remembering
B. to remember
C. having remembered
D. have been remembered

12 If you are _____ alternative medicine, consult your healthcare providers first. It is not a good idea to use them by your own decision.

- A. considered using
- B. considering using
- C. considered of using
- D. considering of using

13 After couple of weeks of thinking, Kate quit her job. Now, she _____ as a secretary for an IT company's CEO and feels much better than before.

- A. is working
- B. will have worked
- C. has worked
- D. will be working

14 His coverage of arts and humanities _____ outstanding and highly appreciated by the editorial board.

- A. have been
- B. is being
- C. is being
- D. has been

15 When people in China tried _____ from the Great Wall using large parasols, they were testing out the theory of air resistance.

- A. being leaping
- B. leap
- C. leaps
- D. leaping

16 Once the new health care law is up and running, and people begin to recognize the cost increases it is bound to produce, _____ opposition to it will increase.

A. a public's
B. public's
C. the public's
D. some public's

17 When Allen saw the lamp _____ the shop window, he went inside to ask about it. He thought it was really beautiful.

A. in
B. into
C. to
D. on

18 The number of people claiming jobless benefits _____ predicted to fall by 5.8 percent for the first time in 18 months.

A. has
B. are
C. is
D. have

19 _____ the suspect was out of town when the crime was committed has already been established.

A. While
B. Even
C. When
D. That

20 According to researchers, the rate of home ownership among single women has been _____ approaching the rate among men.

A. fast
B. fastly
C. faster
D. fastest

21 With more and more injuries _____, the team's chances of victory have decreased significantly.

A. crops up
B. cropped up
C. cropping up
D. crop up

22 Even with the help of cassettes, the visually impaired or blind _____ capable of reading letters without the Braille system.

A. was
B. were
C. would be
D. would have been

23 It _____ negligent of Hoesok to drive through the mountains without snow tires and chains last night.

A. should have been
B. should be
C. would have been
D. would be

24 People in China will find _____ on the web about banned topics such as Tibet. Chinese government controls almost all of the information which can be harmful to them.

A. it difficult to locate information
B. information difficult to locate it
C. to locate information difficult
D. it to locate difficult information

25 If your son puts on contact lenses, it is crucial that he _____ wearing them if he has the chance of getting an eye infection.

A. stop
B. stops
C. stopped
D. has stopped

26 Paul Pott's online video clip _____ worldwide over 100 million times, making him a global star.

A. is viewed
B. has viewed
C. was viewing
D. has been viewed

G-TELP 문법 모의고사 9회

1 Of the ten Congressional seats in our state, only one _____ and all the other winners were incumbents. They tried hard to keep their political power.

   A. was won by a new member   B. won by a new member
   C. was won a new member   D. won a new member

2 The IT company is looking for _____ web design. The company thinks that it is crucial to construct a well designed website to become successful in their field.

   A. in knowledgeable people   B. knowledgeable in people
   C. people knowledgeable in   D. people in knowledgeable

3 The importance of choosing good books _____. Due to book's huge impacts on people, people should be careful to choose what book to read.

   A. cannot overemphasize   B. cannot be overemphasized
   C. must overemphasize   D. must have overemphasized

4. After Rian told Syndy that the criminals had set a fire on his store, she then insisted that he _____ the police right now.

   A. was calling
   B. called
   C. call
   D. will call

5. Sandy has been eager to learn how to run a store because she wants to have her own business. I know a man _____ duty is to manage all the goods that a big company produces.

   A. that
   B. which
   C. where
   D. whose

6. After Jane told Tom that she had no money to enroll in the university, Tom gave Jane some money to help her study. And at that time, he insisted that she _____ the money.

   A. had taken
   B. take
   C. taking
   D. would take

7. _____, technological upgrades could be the key to environmental conservation efforts.

   A. Properly channeling
   B. Properly channeled
   C. Having properly channeled
   D. Properly being channeled

8 Candidates who complete their degree by Spring 2013 will be deemed _____ the educational qualifications.

A. met
B. have met
C. having met
D. to have met

9 The most expensive hamburger in Korea, made from Australian tenderloin and topped with Canadian lobster, _____ at W Seoul for 181500 won.

A. serving
B. served
C. is served
D. being served

10 _____ the cultural heritage of Cambodia has become the scholar's obsession.

A. Preserved
B. Preserving
C. Preservation
D. Being preserved

11 By the time the ship left Singapore, the captain _____ a motley crew. It turned out to be helpful to him.

A. accumulates
B. accumulated
C. had accumulated
D. has been accumulating

12 Even as prospects for the American economy _____, consumers are about to face a new financial burden: a sustained period of rising interest rates.

A. brighten
B. brightens
C. is brightened
D. does brighten

13 Jamie recognized the man at once, for she _____ him before. Because he did something strange, she couldn't forget him.

A. saw
B. seen
C. was seen
D. had seen

14 The Ohio parole board rejected the release application of a woman, _____ sentence was later commuted by the governor.

A. who
B. that
C. whose
D. of which

15 Even when _____ unexpected dilemmas, high performers never lose sight of their ultimate goals.

A. faced
B. being faced
C. facing
D. being to face

16 Some people ignore the messages in their dreams, but others look to _____ for guidance.

A. it
B. them
C. that
D. ones

17 Humans have dreamed about immortality for as long as there _____ humans, but the "fountain of youth" is still just a myth.

A. were
B. are
C. had been
D. have been

18 _____ face the threat of censorship in North America, the novelist chose to publish his work in Europe.

A. Not
B. If only to
C. Rather than
D. Far greater than

19 The ban on cell phones in public schools has been in place for years but last spring security guards began _____ during random security checks.

A. to snatching them
B. snatching them
C. to snatch it
D. snatching it

20 The obesity crisis could be _____ par with climate change in terms of danger to life.

A. on
B. in
C. as
D. at

21 _____ from anorexia, Jane lost more than ten kilograms within two weeks.

A. Suffered
B. Being suffered
C. Suffering
D. Having been suffered

22 Many people are going abroad to study English these days. If I _____ abroad, I could have spoken English better than now.

A. study
B. studied
C. have studied
D. had studied

23 Martin, who is scheduled for a job interview tomorrow, just spent the whole day sleeping. As a result, he didn't get the job. If he had actually prepared for the interview, he _____ the job for sure.

A. will have gotten
B. would have gotten
C. must have gotten
D. can have gotten

24 Newspapers and television are said to be the main sources _____ knowledge and information about the world. In reality, people are using them very well. derives from which the average

A. derives from which the average person
B. the averaged person derives from which
C. from which the average person derives
D. the average person from which derives

25 Analysts said investors finally concluded that stock valuations _____ to levels unjustified by even a sluggish global economy.

A. will fall
B. had fallen
C. had been fallen
D. will have fallen

26 _____ a dramatic loss of honey bee colonies, Jane proceeded to address the problems associated with pesticides.

A. Highlighting
B. Highlighted
C. Having highlighted
D. Having been highlighted

G-TELP 문법 모의고사 10회

1. Kevin's appetite is formidable, and he _____ he should or must. His friends recommend him to eat less for his healthy life.

    A. eats more knowingly than
    B. more than eats knowingly
    C. eats more than knowingly
    D. knowingly eats more than

2. Most people _____ afford to courageously bring charges against gangsters themselves because they are afraid of retaliation.

    A. cannot
    B. must not
    C. should not
    D. shall not

3. The less children sleep, the more _____ become overweight, according to researchers.

    A. they are to likely
    B. are they likely to
    C. likely they are to
    D. are they to likely

4 It seems rather incredible that plastic bottles can _____. There are very many things which are interesting to me.

A. turn so soft something
B. be turned into so soft something
C. turn something so soft
D. be turned into something so soft

5 When John saw the bicycle, he convinced that it was the same bicycle _____ he had lost last month, because the color of the wheel was exactly what he had. He immediately called the police to get his bicycle back.

A. whose
B. that
C. as
D. which

6 Those _____ malaria doesn't kill outright are often left with no resistance to ward off other illnesses.

A. what
B. whom
C. whose
D. whatever

7 _____ to a speed of over 100 miles per hour, the car skidded out of control and spun off the road into the opposite lane.

A. To accelerate
B. Been accelerating
C. It accelerated
D. Having accelerated

8 _____ people are wearing short-sleeves as the temperature goes up. People expect that this summer will be hotter than last year.

A. A few of
B. A few
C. Little
D. A little

9 My grandpa kept a small bell near his hand, and when he wanted to practice _____ around, he would gently shake the bell for the care worker to come in.

A. to walk
B. to have walked
C. walking
D. walked

10 Camen's meddlesome brother always insists on meeting every boy that _____ her sister.

A. date
B. dates
C. was dating
D. were dating

11 The exhibition will show viewers the complex indigenous world of Latin America, the poverty of its people, and the exploitation _____ they are subjected.

A. that
B. which
C. to that
D. to which

12 After all the trouble of job-hunting, Jane was thankful that she _____ at such a good company.

A. ends up
B. had ended up
C. has ended up
D. had been ending up

13 All vertebrates alive today are believed _____ from a common ancestor millions of years ago.

A. to be descending
B. being descended
C. having to descend
D. to have descended

14 Not even a message of reassurance from the Pope _____ could stem the rising tide of accusations.

A. of his
B. himself
C. he gave
D. had given him

15 Scientists filmed interviews with 21 congenitally blind people and found that their signature facial expressions were strikingly similar to _____ of close relatives.

A. that
B. those
C. it
D. theirs

16 Todd recalled a name that _____ several times in the logbook.

A. was reappeared
B. had reappeared
C. was reappearing
D. reappeared

17 Because many major population centers _____ near active fault zones, millions of people have suffered personal and economic losses.

A. locate
B. are located
C. have located
D. are being located

18 One tends to develop certain chronic conditions that affect quality of life _____ one grows older.

A. as
B. since
C. whereas
D. although

19 The lawsuit was because the owners of the apartment complex _____ negligent in failing to install smoke detectors.

A. was
B. were
C. is being
D. are being

20 Ostrich leather has a "goose bump" look because of the large follicles _____ the feathers grow.

A. in that
B. at which
C. from that
D. from which

21 Europe is the region most of the students would visit if they _____ the opportunity to travel abroad.

A. will be given   B. were given
C. had given   D. gave

22 One of the richest people in the world _____ Bill Gates. People eager to be like him and keep trying to do their best in their own field.

A. are   B. is
C. was   D. were

23 The budget of an organization is not just a simple list of costs, _____ a detailed financial statement of expected expenses and revenues.

A. which   B. or
C. but   D. both

24 Mr. Horton was disappointed to find the progress of the project _____ slower than he had expected.

A. so   B. very
C. much   D. too

25 After Jake had a big fight with Jones, they acted as if nothing _____. Other people regard this fact as a very weird thing.

A. was happening
B. has happened
C. happens
D. had happened

26 Many programs for the disabled rely on government funds. Unless the government provided financial support to the programs, many of the programs _____.

A. have been eliminated
B. were being eliminated
C. would be eliminated
D. will be eliminated

G-TELP 문법 모의고사 11회

1 Although we cannot say that we are 100% right, we thought that our competitors' capabilities _____ be better than us. However, we will do our best to prove our will.

A. must
C. could

B. used to
D. should

2 The novel, among other things, is a didactic work _____ the writer sets the example of virtue.

A. which
C. in which

B. what
D. at which

3 The priest was proud to participate in _____ he believed to be the greatest demonstration for freedom in the nation's history.

A. that
C. what

B. which
D. who

4 One day an urgent order came to Mr. Trager _____ of Finance Minister.

   A. to take the office over
   B. to take over the office
   C. to the office take over
   D. over to take the office

5 _____ over the news that a police officer had been suspended for shooting an innocent man, citizens demanded he be fired.

   A. Shock
   B. Shocking
   C. Shocked
   D. Having shocked

6 The author's message in the self-help book is that it is never too late to be what you _____ have been.

   A. will
   B. shall
   C. need
   D. might

7 The restaurant's leftover food, _____, was served to many homeless people every day.

   A. as such it was
   B. such it was as
   C. as it was such
   D. such as it was

8 The collection of antique dolls _____ by a trust from the American Historical Society. It's because people think the dolls are important to the society.

A. can maintain
B. is maintained
C. has maintained
D. has been maintaining

9 While visible on close inspection, the brushstrokes in the painting are _____ for the average viewer to note.

A. finer
B. so fine
C. too fine
D. the finest

10 According to the financial commission, none of the electronic trades made _____ the power blackouts were recorded.

A. while
B. fromo
C. once
D. during

11 It was customary for Genghis Khan's armies to show _____ mercy to their enemies during battle.

A. the
B. none
C. any
D. no

12 A judge, after hearing arguments from several consumer groups, found that the excise tax had been raised by an amount greater _____.

A. than reasonable
B. than was reasonable
C. it reasonably could be
D. of any that reasonable was

13 On the $5 bill, a thread to the left of Lincoln's portrait glows blue when _____ ultraviolet light.

A. exposing
B. exposing to
C. exposed
D. exposed to

14 Only twice before in history _____ invented a wholly novel way of creating wealth.

A. have humans we
B. we have humans
C. humans have we
D. have we humans

15 Doyan Motors will temporarily stop selling and building six models for the US market, while _____ tried to resolve a problem with accelerator pedals.

A. it
B. they
C. one
D. this

16 Neither the Global Earth Institute nor the American Association of Climate Scientist _____ the existence of global warming.

A. are in doubt
B. is being doubted
C. doubt
D. doubts

17 _____ to court to answer for his crimes, the suspect fled the country and has not been seen since.

A. Summoning
B. Was summoned
C. To have summoned
D. Having been summoned

18 Professor Moon is well-known for his good teaching skills. People wonder how he can get those skills. They come to know that he _____ this subject since 1995.

A. had taught
B. teaches
C. taught
D. has been teaching

19 Tim stayed up late to finish his term paper last night. _____ he is very tired and sleepy, he manages to attend to his classes.

A. Despite
B. Although
C. Because
D. So

20 Hundai Engineering is currently constructing a huge building in China, which they hope to complete early next year. The company _____ on the project for three years already by the time they finish it.

A. was working
B. will have been working
C. is working
D. had been working

21 The training manual describes _____ new employees need to know regarding company policies and procedures.

A. which
B. where
C. how
D. what

22 This documentary film on global education involved the collaboration of several producers and will be used _____ for television broadcasting.

A. expressing
B. expresses
C. expressly
D. expressive

23 It took Kevin three hours to get to the destination because he didn't take the shortcut. If he _____ other path, he would have arrived there in only 30 minutes.

A. could pass through
B. has passed through
C. had passed through
D. will be passing through

24 The people interviewing you will immediately make judgments based on the way _____.

A. how you present you
B. how you present yourself
C. you present you
D. you present yourself

25 View images of Greenland, where coastal edges of its vast ice cap are melting _____. We should be careful of this kind of change.

A. at an alarming high rate
B. at an alarmingly high rate
C. at alarming a high rate
D. at a high rate for alarm

26 Peter feels so bad that he lost his wallet yesterday at the library. He now thinks that if he had not gone to the toilet, he _____ it.

A. will not lose
B. can lose
C. would not have lost
D. had lost

G-TELP 문법 모의고사 12회

1. While not entirely sure, I suspected that my friend _____ run our new business better than I.

   A. must
   B. used to
   C. could
   D. should

2. Nick's maturity appears in the detached clear-sightedness _____ he observes his own character.

   A. which
   B. that
   C. with that
   D. with which

3. All entities, citizens and corporations alike, _____ as a result of the oil spill, are entitled to remuneration.

   A. disadvantaging
   B. disadvantaged
   C. were disadvantaged
   D. having disadvantaged

4 We _____ emphasize enough the importance of having a healthy host body for your baby.

A. mustn't
B. shouldn't
C. cannot
D. ought not

5 Mr. Alastair's crime has deprived _____ so he cannot travel to several countries including the United Kingdom.

A. him his of movement freedom
B. him of his freedom of movement
C. his freedom of movement of him
D. his freedom of movement him

6 _____ from the marathon, the runner was rushed to an area hospital. Before he started running, his condition was not good, but he ignored the bad sign of it.

A. Exhausted
B. Exhausting
C. He was exhausted
D. Had been exhausted

7 Chuck Wepner _____ 1975 fight against Muhammad Ali became the basis for the Rocky film has settled for an undisclosed amount.

A. who
B. whose
C. whom
D. whoever

8 A man was arrested after he started shooting at the fire crew who refused _____ a cat from a tree.

A. rescuing
B. to rescue
C. having rescued
D. to rescuing

9 The environmental advisor could not in good conscience condone _____ forward with the mining operation.

A. having moved
B. moving
C. to move
D. moves

10 Retailers' performance during the holiday shopping season is less critical for the US economy than _____ used to be.

A. it
B. one
C. they
D. their

11 Good soups may be made from fried meats, _____ the fat and gravy are added to the boiled barley.

A. that
B. which
C. what
D. where

12 Please be aware that under no circumstances _____ to accept the return or exchange of pierced earrings for hygiene reasons.

A. we are allowed
B. are we allowed
C. we allow
D. do we allow

13 Prior to his death from cancer, Hugo Chavez nominated Nicolas Maduro _____ him as party leader.

A. succeeds
B. to succeed
C. succeeding
D. for succeeding

14 Earthen levees, _____ as they are to collapse during serve floods, are particularly vulnerable to the effects of climate change.

A. prone
B. are prone
C. to be prone
D. having been prone

15 Wilson loves watching romantic films. That is why he _____ me to go with him to watch a movie since last week.

A. will ask
B. asked
C. can ask
D. has been asking

16 Tonight, Helen is flying to Japan for a dance competition. She told her friends that she is determined to win the first place. I am sure that by 10 a.m. tomorrow, she _____ at the arena.

A. could practice
B. would practice
C. is practicing
D. will have been practicing

17 A little boy was eating a lot of ice cream and developed a terrible stomachache _____ he finished all of the ice cream.

A. if
B. however
C. so
D. before

18 John wanted to watch a movie which was release yesterday. Unfortunately, it began raining and he had to stay home and read books. If it had not rained, he _____ the movie.

A. could have watched
B. must have watched
C. will have watched
D. shall have watched

19 Sara dreams of going on a trip to Cebu. Unfortunately, she and Tom cannot go on any trips due to financial problems. _____ that they can more easily imagine they are in a new location, Sara makes Tom change their room's interior.

A. Finally
B. So
C. Therefore
D. Then

20 Robin is not happy with the hotel's service and is now requiring them to refund. He _____ a complain letter to the manager to demand some changes to the overall service.

   A. will have written   B. has written
   C. wrote   D. is writing

21 The doctor was not willing to give up on her patient. She ordered that every possible remedy _____. At the end, the patient got better and it made the doctor relieved.

   A. be tried   B. tries
   C. try   D. trying

22 Although it is very hot outside, people are waiting for the door of a fancy car to open. They are very curious to know _____ down the red carpet.

   A. which will walk   B. what is walking
   C. where to walk   D. who will be walking

23 One of the facts enabling oak trees to usually live _____ is that they are highly resistant to storm damage. Compared to other trees, they can withstand strong storms.

   A. long time   B. long times
   C. a long time   D. the long time

24 The police seem very certain _____ the culprits responsible for the attack. From their faces, people can know that they find some clues.

A. that they found
B. to have found
C. for them to find
D. of them to have found

25 The Web has made it easy for people _____ information and expertise in the global electronic village.

A. to exchange
B. exchanging
C. exchange
D. exchanges

26 According to a recently released survey, one in every three marriages _____. It is a serious problem that many countries have in common.

A. end in divorce
B. ends in divorce
C. end in divorces
D. ends in divorces

G-TELP 문법 모의고사 13회

1 My grandfather said that he is planning a vacation for us in the winter. My father told him, however, that it might be difficult for him to get around. But he said that he can do that _____ the trip is not so long.

    A. even though
    B. although
    C. unless
    D. as long as

2 Bernard will not be able to drive his mother to the train station this morning. He told her that he _____ a seminar at Hilton Hotel at 8:30.

    A. attended
    B. could attend
    C. will be attending
    D. had attended

3 The economy of Jeju Island depends on tourism. If tourists decided not to travel around the island, the city probably _____.

    A. didn't survive
    B. isn't surviving
    C. hasn't been surviving
    D. wouldn't survive

4 When the student arrived at some very strange conclusions about his research, the professor suggested that he _____ her research again.

　　A. performed　　　　　　　　B. perform
　　C. was performing　　　　　　D. be performed

5 John works as a taxi driver for the Seoul Taxi Company, where he drives around Seoul every day. He _____ for the company for almost five years now.

　　A. had been working　　　　　B. was working
　　C. will have been working　　 D. has been working

6 There is a table at the front door _____ in old books that we need to clear out to make way for a new supply of books.

　　A. covers　　　　　　　　　　B. covering
　　C. covered　　　　　　　　　 D. to cover

7 The trade gains will exceed the foreign assistance provided by the rich countries _____ are members of the OECD. People hope that this trend continues.

　　A. who　　　　　　　　　　　B. what
　　C. of which　　　　　　　　　D. which

8 _____, she rented out her basement to some students. Because she was fired from her job, it was difficult for her to live in the city.

A. To meet ends
B. Made ends meet
C. Making ends meet
D. To make ends meet

9 The president vetoed a bill that _____ perhaps have funded potentially problematic research. People said that it was a good decision because it could cause a big trouble.

A. must
B. might
C. should
D. ought to

10 Parenting on any level can be expensive, but adoption has a unique list of upfront costs _____ can be extraordinarily challenging.

A. as
B. what
C. where
D. that

11 Jane tried to think about what was so special about Karl that made her _____ crazy. It was the first time for her to feel like this.

A. such
B. this
C. only
D. yet

12 The man was assassinated by Bolivian forces in 1967, but not until thirty years later _____ to Cuba, his home country.

A. returned were his remains
B. were his remains returned
C. his remains were returned
D. were returned his remains

13 The music was _____ good that everybody fell in love with it. Thus, people bought that musician's albums and took a picture with him.

A. such
B. even
C. just
D. so

14 A man furious about the commotion he was hearing from above his apartment leaned out his window to find himself _____ his falling neighbor.

A. catch
B. to be caught
C. catching
D. caught

15 Even as prospects for the American economy _____, consumers are about to face a new financial burden: a sustained period of rising interest rates.

A. brighten
B. brightens
C. is brightened
D. does brighten

16 If you are looking for a luxurious vacation, rent _____ beach houses near the town of Truro.

A. our one of spacious
B. one of our spacious
C. our spacious one of
D. spacious our one

17 Employees of the charity are planning to organize an advertising campaign _____ for the upcoming fundraising event.

A. themselves
B. they
C. their own
D. them

18 Campers should respect their neighbors' privacy and refrain from _____ shortcuts through other campsites.

A. take
B. taking
C. to take
D. having taken

19 The principal announced that she would be willing to install metal detectors _____ that no weapons were brought into the school.

A. will ensure
B. ensured
C. for ensure
D. to ensure

20 The hope of the training staff is that participants will come away with a better understanding of the software and _____ potential.

A. a
B. several
C. its
D. other

21 The V-Networking Company has struck a deal with Business Today.com, the most visited business commentary site, _____ price has not been disclosed yet.

A. whose
B. which
C. where
D. of whom

22 Jan Wong's new book, Beijing Confidential, is a fascinating study of the changes _____ in China's capital city.

A. which are occurred
B. which is occurred
C. that are occurring
D. that is occurring

23 A team of marine biologists is conducting a study on dolphins. They _____ the mammals for more than ten years by the time they finish their study in 2020.

A. are studying
B. study
C. were studying
D. will have been studying

24 _____ it's sunny outside, students cannot go outside and take a break. It is because final exam period is coming soon.

A. So
B. Although
C. However
D. Therefore

25 Mr. Kim seems to be forgetful these days. Yesterday evening, he _____ for his wallet all over the house for an hour before realizing that the wallet was inside his pocket.

A. has looked
B. had been looking
C. will have been looking
D. had looked

26 Many programs for the elderly and poor rely on government funds. Unless the government provided financial support to those programs, many of the programs _____.

A. have been eliminated
B. were being eliminated
C. would be eliminated
D. will be eliminated

G-TELP 문법 모의고사 14회

1. Kate is looking forward to her 24th birthday next month. As a birthday gift, her parents _____ her to Rome alone for a one-week vacation.

   A. send
   B. have sent
   C. had sent
   D. are sending

2. Mrs. Rian, my next-door neighbor, is a great art teacher. Many of the kids in our neighborhood are being taught art by her. She _____ art lessons for as long as I can remember.

   A. was giving
   B. will have been giving
   C. has been giving
   D. will be giving

3. Sally was late for our date last night, that's why we weren't able to catch the start of the movie premiere. If she _____ 15 minutes earlier, I would not have missed the most romantic scene in the film.

   A. will have been arriving
   B. had arrived
   C. has arrived
   D. was arriving

4 I have noticed that most talented artists come from rich families. They do not have any financial problems to deal with, which is _____ perfecting their artistic skills.

A. what they had focused on
B. why they can focus on
C. which they will focus on
D. where they are focusing on

5 Mr. Tom had been depending on government organizations for his living expenses before he died. People who knew him regret the fact that he _____ a better life if he had not spent all his money on gambling.

A. is living
B. has lived
C. could have lived
D. should be living

6 You can go swimming with us whenever you'd like. We're taking a break this weekend _____ it's time to take a rest to refresh ourselves.

A. though
B. whereas
C. because
D. until

7 The archaeologist believes that there are a lot of great discoveries to be discovered. He suggests that many places _____ carefully for new discovery for the development of the field.

A. be explored
B. explore
C. being explored
D. explores

8 Subsidized day care is an expense Americans just _____ afford. Thus, they are trying to find cheaper places to send their children.

A. don't
B. won't
C. can't
D. isn't

9 The man looked like someone _____ had encountered a lot of frustration in his life.

A. whose
B. whosever
C. whoever
D. who

10 Our law firm does pro bono work _____ legal assistance and can't afford it. It makes lawyers feel satisfied because they can feel that they are doing something meaningful.

A. for who need those
B. to those needing for
C. for those who need
D. to those in need

11 Currently, the law states that employees _____ more than 37.5 hours a week must be paid overtime at a rate of 1.5 times their regular pay.

A. work
B. working
C. worked
D. to work

12 Those who got into top school said that they spent a certain amount of time each day _____ the materials they had learned.

A. review
B. in review
C. reviewing
D. to be reviewing

13 Buying a musical instrument should be done with care since you _____ want to spend much money on something you might not use a lot.

A. cannot
B. do not
C. had not
D. need not

14 To succeed in an online degree program, one must be strict about setting aside _____ to complete the course work.

A. certain time
B. certain times
C. the certain time
D. the certain times

15 The study's findings, if _____, will have far-reaching consequences in the field of astrobiology.

A. confirmed
B. confirming
C. they confirm
D. to be confirmed

16 Within the last few decades, Greece has demanded _____ of hundreds of artifacts taken from its borders by Western European explorers.

A. returning
B. a return
C. the return
D. some return

17 The computed tomography (CT) scan showed a well-defined giant lipoma _____ from the left deep parotid gland.

A. arisen
B. arising
C. to arise
D. arise

18 It should not be a great surprise to learn that dolphins, long regarded as intelligent by humans, _____ using tools.

A. have found
B. have a find
C. have been found
D. have been finding

19 Requests to work overtime next month _____ in writing and submitted by tomorrow, or they will not be granted.

A. must be made
B. ought to make
C. could be made
D. need make

20 Abu Dhabi's government provided the funding, _____ the building project might still be awaiting completion.

A. so that
B. of whose
C. towards what
D. without which

21 With cigarette smoke _____ over your morning baguette, France remains a special place other destinations find hard to imitate.

A. is drifted
B. drifts
C. drifted
D. drifting

22 They are determined to get tickets to Hannah Montana's concert, even if it means _____ night and day in line outside the ticket office.

A. waiting
B. wait
C. being waited
D. having waited

23 _____ the support of a majority of conservative organizations, the embattled congressman felt he had no choice but to resign.

A. Having lost
B. Lost
C. To lose
D. He lost

24 Outraged minority groups _____ even if they are promised future improvements.

A. will not appease
B. will appease not
C. will be not appeased
D. will not be appeased

25 Nancy took the qualifying interviews for a supervisory position at a big company. She _____ for more than three weeks when they finally informed her that she had been selected for the job.

A. will have been waiting
B. is waiting
C. had been waiting
D. was waiting

26 Terry was very nervous while doing his presentation to the CEOs at a meeting this afternoon. As they were satisfied with his well-prepared presentation, they _____ him to present to the Board next week.

A. were now asking
B. are now asking
C. had now asked
D. could now ask

G-TELP 문법 모의고사 15회

1. In today's world, smart technology is becoming a trend. If you think about it, it really _____ to people who have a busy lifestyle because they can work and communicate wherever they are.

   A. makes a difference
   B. made a difference
   C. had made a difference
   D. was making a difference

2. Despite constant advice from his sister to be extra careful, Max still lost his wallet. If Max _____ to his sister, he would not have lost his credit cards.

   A. is listening
   B. could listen
   C. had listened
   D. would have listened

3. Sales have increased by a large amount ever since Mr. Lemon replaced Mr. Tim as chief executive officer of an outsourcing company. Mr. Lemon now _____ hiring more people and expanding the company to other areas.

   A. can consider
   B. considered
   C. had considered
   D. is considering

4. Professor Lee has asked his graduate studies class to submit a research paper on emerging market. He told his students that they will not be able to pass his class _____ they submit their papers to him by Sunday.

A. before
B. unless
C. when
D. after

5. We are very proud of our friends and want them to go to prestigious universities. It is our desire that they _____ Seoul or Korea university.

A. attend
B. attended
C. are attending
D. have attended

6. The International Basketball Board has given Robin a three-month suspension for hitting other players during the game. He _____ with the Board to reconsider its decision for almost a week now.

A. pleads
B. has been pleading
C. could have pleaded
D. had pleaded

7. Kevin still doesn't have a topic for the term paper due next week. If he sat down and thought about it, he _____ the paper more quickly than he expected.

A. has accomplished
B. was accomplished
C. would accomplish
D. accomplished

8 I had to stay at the table with an upset stomach, _____ to create a breach of etiquette.

A. not wanted
B. not wanting
C. wanted not
D. didn't want

9 Critical circumstances _____ if a petitioner thinks that an exporter or producer has started to export abnormally high volumes of merchandise.

A. are alleged
B. allege
C. alleged
D. have alleged

10 Many traditional parents measure their success in bringing up their children in terms of how well they control them. _____, modern parents do not agree with them.

A. However
B. In addition
C. For instance
D. Consequently

11 Sprinkling salt on the top and at the bottom of garden walls _____ to keep snails from climbing up or down.

A. say
B. says
C. is said
D. are said

12 A launching of a music television channel for Africa is _____ next month by MTV. It was not a common channel for Africans that people were fascinated at it.

A. being taking place
B. to be taken place
C. to take place
D. taken place

13 The KFA released the names of the four finalists early last week, who _____ from an original list of 10.

A. chose
B. had chosen
C. were chosen
D. were choosinig

14 When news organizations declared Barack Obama _____ of the U.S., the crowd of more than 200,000 in and around Chicago's Grant Park erupted in shrieks and cries.

A. the next president
B. a next president
C. next president
D. any next president

15 Without the rain forests, the air will fill up with more and more carbon dioxide, _____ traps heat. Global warming is becoming a serious issue.

A. that
B. what
C. which
D. where

16 _____ of the conference participants has been given directions to the hall and a detailed schedule of events.

A. Most
B. All
C. Every
D. Each

17 The man with the strange accent _____ the reporter received the tip turned out to be a foreign spy.

A. of which
B. to whom
C. for which
D. from whom

18 It is beneficial for people to have their own hobbies. _____, because people live in a very hectic world, so they do not have much time to do what they want.

A. For example
B. However
C. As
D. Nevertheless

19 Mr. Ahn's students are not sure if they can complete their project on time. They _____ submit a 20-page book review of a classical novel by Tuesday.

A. shall
B. would
C. must
D. could

20 _____ to young men and women preparing to enter their professions, An Appeal to the Young was first published in 1880.

A. Address
B. Addressing
C. Addressed
D. To address

21 "Super-sensers" can use their unusually heightened senses to detect smells, tastes, sounds and images _____ other people don't even know are there.

A. in which
B. where
C. that
D. when

22 Whenever Mr. Mattias stopped by the house to check on the renovation, the foreman in charge _____ give him a report on how the work was going.

A. will
B. must
C. should
D. would

23 The lake that _____ Miyami Castle will be created using funds collected from the local historical society.

A. was surrounding
B. will surround
C. surrounded
D. will be surrounded

24 _____ widespread measures for water-saving are implemented, we may suffer from a worldwide water shortage in the future.

A. Unless
B. Because
C. When
D. As if

25 The project leader wants to ensure that the proposed budget plan _____ to the director by 5 p.m. on Friday.

A. is delivered
B. delivery
C. is delivering
D. delivered

26 The Robert family's good friend, Kayden, whom they have not seen for almost five years, is coming over for a visit. The couple _____ a dinner for her at their house when she arrives.

A. will be hosting
B. have been hosting
C. would host
D. had hosted

G-TELP 문법 모의고사 16회

1. The students pretended they were not interested in what I was saying, but I _____ tell some of them were

   A. must
   B. would
   C. might
   D. could

2. Shi, China's negotiator, had to walk a fine line, balancing concessions to the U. S. with reservations _____ domestic industries.

   A. arisen from
   B. arisen
   C. arising from
   D. arising

3. The auction was cancelled because no bids reached the reserve price, the level _____ was as usual undisclosed.

   A. that
   B. what
   C. which
   D. of which

4 After college, Smith continued wrestling in open events, but it was not long before his girlfriend told him that he _____ give the body-building circuit a try.

A. would
B. may
C. should
D. was able

5 _____ by his wife about his educational background, Jeff began to remain aloof from her.

A. To be mocked
B. Mocked
C. He was mocked
D. To being mocked

6 Engineering students _____ want to consider a future on oil if they are interested in foreign countries.

A. might
B. would
C. could
D. should

7 When we do business with other people, communication is a very important factors. _____ you cannot convey your ideas well, people cannot understand what you are trying to say.

A. If
B. Unless
C. Because
D. Despite

8 The new trade treaty is a highly _____ agreement, which no one seems to fully understand. Thus, it needs to be amended.

  A. complicated
  B. complicating
  C. complicates
  D. to complicate

9 _____ new regulations to prevent smoking have been implemented, staff members are no longer allowed to smoke in the building.

  A. Regarding
  B. Usually
  C. Instead of
  D. Now that

10 The lecture will be last in a series on twentieth century musicians _____ fame rests primarily on their solo performances.

  A. which
  B. who
  C. whose
  D. whom

11 A California finance company was charged with improperly collecting payments from members of a travel club that _____ out of business.

  A. have already gone
  B. had already gone
  C. already goes
  D. was already to go

12 Kevin wanted to go to a concert yesterday. Unfortunately, it began raining and he had to stay home and just watch music program. If only it had not rained, he _____ went out for a concert.

A. could have watched
B. must have watched
C. will have watched
D. shall have watched

13 The students pretended they were not interested in what I was saying, but _____ tell some of them were.

A. must
B. would
C. might
D. could

14 Nun and Kun are the Himalayan mountains _____ heights the 9-mile-long Shafat Glacier flows.

A. by that
B. to what
C. of which
D. from whose

15 The economy of Jeju island depends on tourism. If people were not enjoying traveling the island, the island probably _____.

A. didn't survive
B. isn't surviving
C. hadn't been surviving
D. wouldn't survive

16 Since the 1960s, there has been a change in familial relationships, _____ in the rise of no-fault divorce, prenuptial agreements, and civil unions.

A. reflected
B. reflecting
C. to reflect
D. reflect

17 Sarah, who just graduated from high school, is hoping to be accepted at Yale University. She is getting more nervous by the day, as she _____ the qualifying exams next week.

A. will be taking
B. was taking
C. had been taking
D. will have been taking

18 A major earthquake might hit Japan within 10 years. If a large city such as Osaka were hit directly, thousands of lives _____.

A. would have been lost
B. would be lost
C. were being lost
D. have lost

19 Mr. Kim, who teaches history in our school, is considered by many people as the best teacher when it comes to his capability. He _____ in our school for more than ten years already.

A. was teaching
B. will be teaching
C. has been teaching
D. will have been teaching

20 _____ from depression, he might not have become a writer. It was not that good for him, but it was eventually good for humanity.

A. If the late Ernest Hemingway could not suffer
B. If the late Ernest Hemingway didn't suffer
C. Had the late Ernest Hemingway not suffered
D. Were the late Ernest Hemingway not suffered

21 Professor Kim presented his research paper on the benefits of reading books at an academic convention in Seoul. While he _____ his findings, his audience was very attentive to his presentation.

A. will have been presenting
B. had been presenting
C. will be presenting
D. was presenting

22 I am really worried about Kate. Tom told me that Kate has a personal problem but she doesn't want to tell us about that. When I saw Kate, it looked as if she _____ for a long time.

A. is crying
B. would have cried
C. will be crying
D. had been crying

23 I really do not want to get along with that guy. He always seems to be talking badly about everyone else in the company. I'm sure that by this time tomorrow he _____ his colleagues about how someone was punished by superiors.

A. has told
B. will have been telling
C. has been telling
D. could have told

24 Mr. Kim is planning to apply for a bank loan because he wants to re-open his coffee shop. He _____ the coffee shop for three years when the bad economy forced him to close it down.

A. is running
B. will be running
C. has ran
D. had been running

25 Professor Miller's lecture on Second Language Acquisition was easy _____.

A. to understand
B. to be understood
C. understanding
D. understood

26 After Jenice told Tommy that she had no money to pay for her tuition, Tommy was willing to give some money to help her. And at that time, he insisted that she _____ the money to continue her study.

A. had taken
B. take
C. taking
D. would take

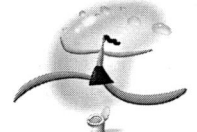

G-TELP
문법 끝판왕 500제

연습문제
정답 및 해설

연습문제 정답 및 해설

정답지

➡ PART 1_지텔프 핵심 문법파트! 시제 따라잡기!
1. (D) 2. (C) 3. (A) 4. (A) 5. (B) 6. (A) 7. (B) 8. (B) 9. (C) 10. (C)
11. (B) 12. (A) 13. (C) 14. (A) 15. (B) 16. (B) 17. (C) 18. (A) 19. (A) 20. (B)
21. (A) 22. (C) 23. (B) 24. (B)

➡ PART 2_알고 나면 정답률 백프로! 가정법
1. (B) 2. (C) 3. (D) 4. (C) 5. (C) 6. (B) 7. (C) 8. (A) 9. (C) 10. (C)
11. (B) 12. (D)

➡ PART 3_놓치면 섭섭한 관계사
1. (A) 2. (D) 3. (B) 4. (A) 5. (A) 6. (C) 7. (D) 8. (C) 9. (A) 10. (D)
11. (D) 12. (D)

➡ PART 4_고득점으로 가자! 접속사
1. (C) 2. (A) 3. (B) 4. (C) 5. (C) 6. (B) 7. (D) 8. (B) 9. (D) 10. (D)
11. (B) 12. (D)

➡ PART 5_쉽게 풀어보는 분사
1. (A) 2. (B) 3. (D) 4. (B) 5. (A) 6. (B) 7. (C) 8. (C) 9. (C) 10. (A)
11. (B) 12. (D)

➡ PART 6_정답률을 높인다! 준동사&조동사
1. (D) 2. (C) 3. (B) 4. (D) 5. (B) 6. (B) 7. (B) 8. (C) 9. (C) 10. (D)
11. (D) 12. (C)

PART 1_지텔프 핵심 문법파트! 시제 따라잡기!

1. 시제 문제   답 D
마리아와 칼은 3개월간의 미국 스키 투어에서 막 도착했음에도 불구하고, 다른 시합에 참가한다. 그들의 코치는 준비가 되어 있지 않으면, 연습을 해야 한다고 말하고 있다.

➡ 문제 전체의 시제가 현재형이다. 그리고 unless가 '만약 ~하지 않는다면'이라는 뜻을 가지고 있기 때문에, 빈칸에 들어갈 말은 '준비가 되어 있다면'이라는 의미가 되어야 한다. 그렇기 때문에 답은 (D)가 적절하다.

2. 시제 문제   답 C
3일 동안 복통을 앓고 나서, 나는 어제 병원에 갔다. 나는 최근에 내가 아이스크림을 너무 많이 먹어서 그런 것이라 생각했으나, 의사는 에어컨 때문이라고 했다.

➡ 문장 전체가 과거형을 나타내고 있고, 아이스크림을 먹은 것이 복통을 앓은 것보다 전이기 때문에 과거완료진행을 사용하는 것이 적절하다.

3. 시제 문제   답 A
멧의 아내는 그가 출장에서 돌아왔다고 마침내 전화를 했을 때 안심하였다. 그녀는 그가 좋지 않은 기상에 의해 오도 가도 못하는 상황에 처하지 않았을까 걱정하던 중이었다.

➡ 문제 전체의 시제가 과거형이다. 멧의 아내가 그에 대해 걱정을 한 것은 안심한 시점보다 앞서기 때문에 '대과거'의 개념을 사용하여 과거완료진행형이 적절하다.

4. 시제 문제   답 A
김씨는 홈커밍 파티를 열 것이고, 나에게 준비를 도와달라고 묻고 있다. 오늘 밤, 나는 파티를 위해 필요한 물품 목록을 작성할 것이다.

➡ 미래시제인 (B)와 (D)가 정답으로 가능하다. let은 사역동사로 목적어 뒤 목적보어 자리에 동사원형을 취한다. stay가 원형으로 쓰인 (B)가 정답이다.

5. 시제 문제   답 B
만약 탐이 그의 학업을 다 끝내지 못한다면, 앤은 그를 그녀의 집에 더 이상 머무르지 못하게 할 것이다. 앤이 자신의 남동생처럼 생각하는 탐은 진지하게 공부를 해야겠다고 느끼고 있다.

➡ 학업을 끝내지 못하는 것은 아직 일어나지 않은 미래의 일이고, 집에 더 이상 머무르지 못하게 하는 것 또한 미래의 일이기 때문에 미래시제인 (B)가 정답이 된다.

6. 시제 문제   답 A
진은 J.K 롤링의 소설을 즐겨 읽는다. 사실, 그녀가 아직 읽지 않은 유일한 책은 '해리포터와 혼혈왕자'이다. 그녀는 지금 도서관에 있고, 그래서 나는 그녀가 그 책을 빌릴 것이라 확신한다.

➡ 책을 빌리는 것은 지금 도서관에 있는 사실로부터 생각해낸 것이기 때문에 아직 일어나지 않은 미래의 일이다. 즉, 미래시제가 오는 것이 적절하다.

7. 현재 진행 문제   답 B
스티브는 다음 주에 부산에서 열리는 영화 페스

티벌에 초대되어 기대에 빠져 있다. 그는 지금 그가 가장 좋아하는 영화를 보고 있는 중이다.
➡ 전체 시제 자체가 현재형이기 때문에, 밑줄에도 현재형이 들어가는 것이 옳다. 그리고 밑줄 바로 앞에 Right now라는 힌트가 왔으므로, 이를 놓치지 않는 것이 중요하다.

8. 미래완료 관련 문제 답 B
2016년, 헬렌과 그녀의 친구들은 하와이에 방문할 것이다. 그녀는 그때 즈음, 그녀가 친구들과 함께 해변의 파티에 참석할 생각하는 것을 멈출 수가 없다.
➡ by the time(~할 때쯤)이라는 힌트가 제시되게 되면, 미래완료진행 문제라고 생각하는 것도 유용한 팁이라고 생각한다. ~할 때쯤이라는 것 자체가 현재가 아닌, 미래에 대한 이야기이고, 그때쯤 ~을 완료했을 것이란 사실을 나타내기에 완료의 개념도 포함되게 된다.

9. 시제 문제 답 C
지난 월요일, 체육부는 야구팀 코치의 미래에 대해 아무런 결정도 내려진 바 없다고 주장했다.
➡ 자주 접해오던 가정법의 의견/주장 동사 유형에 맞지 않는 문제이다. 동사 insist를 보고 동사원형을 찾는 사람은 정답을 찾을 수 없다. 네 개의 보기 중에 동사원형이 없다면, 그것은 insist가 '~을 요구하다, ~하기를 고집하다'가 아니라 그냥 '~라고 강력히 주장하다'라는 뜻으로 쓰였기 때문. 말한 것보다는 결정이 내려지지 않은 것이 더 과거이므로 과거완료가 적절한 시제이다.

10. 시제 문제 답 C
하버드 대학교 졸업식 중에, 몇몇 학생들이 시끄러운 소리를 내었다. 학장님께서 연설을 하는 동안, 그들은 다른 사람들을 신경 쓰지 않고 휴대폰 게임을 했다.
➡ 문제 전체의 시제를 파악하는 것이 중요하다. 이 문제는 밑줄이 포함된 문장 앞의 시제가 과거형이기 때문에, 밑줄에도 과거형이 와야 하며, 맥락상 학장님께서 '연설을 하는 중'이라는 것을 알 수 있기에 진행형이 온다.

11. 시제 문제 답 B
내 친구들은 새벽 1시쯤 우리 집에 도둑이 들었다는 사실에 놀랐다. 그들은 내가 그 시간에 게임을 하고 있었을 것이라 생각한다.
➡ 이 문제는 밑줄이 포함된 문장 앞의 시제가 과거형이기 때문에, 밑줄에도 과거형이 와야 하며, 맥락상 '게임을 하는 중'이라는 것을 알 수 있기에 진행형이 온다.

12. 시제 문제 답 A
세희는 온라인으로 주문한 마룬5 앨범을 방금 막 받았다. 그녀는 오늘 그 노래를 들을 예정이다. 그녀는 '선데이 모닝'이라는 노래를 먼저 들을 생각을 하고 있는 중이다.
➡ 시제 관련 문제는 문제 전체에 해당하는 시제가 무엇인지 파악하는 것이 중요하다. 이 문제 같은 경우에는 밑줄 앞을 보면 현재형이라는 것을 알 수 있다. 그렇기 때문에 답 또한 현재형으로 구성되며, 맥락상 '~하는 중이다'라는 진행이 적합하기에 (A)가 답이다.

13. 시제 문제 답 C
우리는 케이트가 마지막 순간에 마라톤 대회에서 우승하는 것을 보고 놀랐다. 초반에 그녀는 천천히 달렸지만, 마지막 순간에 속도를 내었다.
➡ 과거시제인 (B)와 (C)가 정답 후보이다. At the beginning이라는 표현으로 유추해보면 시간상 한 순간을 강조하므로 일반 동사인 ran보다 진행 동

사인 was running이 정답으로 더 적절하므로 (C)가 정답이다.

14. 미래시제 관련 문제 답 A

우리 반의 모든 학생들은 다가오는 소풍에 대해 기대에 가득 차 있다. 금요일 9시에, 우리는 처음으로 에버랜드에서 좋은 시간을 보낼 것이다.

➡ 문맥상으로 보면, 소풍의 목적지가 에버랜드인 것을 알 수 있다. 즉, 금요일 9시는 '미래'의 시점이기 때문에, 빈칸에는 미래형인 (A)가 오는 것이 적절하다.

15. 현재완료 관련 문제 답 B

게리는 유명한 소설가가 되겠다고 의지를 품었다. 서울대학교에 등록한 이래로, 그는 문학 수업들을 진지하게 수강해왔고, 3년 동안 연습을 해오고 있다.

➡ 일단 밑줄 앞에 since = '~이래로'라는 단어를 통해서 현재완료 관련 문제라는 것을 쉽게 알 수 있으며, 그 뒤에도 for three years라는 기간이 나오기 때문에 현재완료인 (B)가 답이 된다는 것을 알 수 있다.

16. 현재완료 문제 답 B

사람들은 시청에서 월드컵 경기를 보는 것에 흥분하고 있다. 그들은 첫 번째 축구 경기가 시작된 이래로 기다려왔다.

➡ 밑줄 뒤에 since(~이래로)가 있기 때문에 어렵지 않게 현재완료와 관련된 문제라는 것을 알 수 있다. 이에 따라 현재완료진행형인 'have been waiting'이 오는 것이 적절하다.

17. 현재완료 문제 답 C

미래학자 앨빈 토플러의 작품들 중, 나는 '제3의 물결'이라는 책이 가장 재미없다고 생각한다. 나는 그 책을 거의 2달 동안 읽고 있는데, 아직도 다 읽지 못했다.

➡ 밑줄 뒤에 'for almost two years'라는 기간과 관련된 구문이 제시되어 있기 때문에, 현재완료형을 사용하는 것이 적합하다.

18. 시제 문제 답 A

어제 비가 많이 내렸다. 다행히도, 일기예보에서 비가 내린다고 예측해왔기 때문에 사람들은 우산을 준비할 수 있었다.

➡ 문제의 시제 자체가 과거형인 것에 주목하고, 빈칸에도 과거형과 관련된 보기가 들어갈 것이라는 것을 생각해야 한다. 어제 비가 내린 것보다 일기예보에서 비가 내릴 것이라 예측한 것이 먼저 이기 때문에, 과거완료를 사용하는 것이 적합하다.

19. 시제 문제 답 A

카페에서 그의 여자 친구를 기다리는 동안, 해멀트는 그의 수학 숙제를 끝내기로 생각했다. 여자 친구가 도착했을 때, 그는 아직 문제를 푸는 중이었다.

➡ 이 문제 전체의 시제는 '과거'형이다. 그리고 밑줄 뒤에 when she arrived(그녀가 도착했을 때)라는 특정 시점이 제시되어 있기 때문에, 그 당시 해멀트가 ~하는 중이라는 뜻의 진행형이 오는 것이 자연스럽다. 이에 따라 정답은 (A)가 된다.

20. 미래 완료 관련 문제 답 B

다음 주부터 우리는 TV에서 야구경기를 볼 수 있다. 야구경기를 보는 것을 오랫동안 기다려왔기 때문에, 우리는 다음 주가 되면, 친구들과 멋진 야구경기를 볼 수 있다는 생각을 멈출 수가 없다.

➡ 'by next week'이라는 힌트를 통해서 미래 상황에

대해서 말한다는 것을 알 수 있다. 그리고 다음 주가 되면 행동이 완료된다는 것 또한 가정하기 때문에 미래 완료 진행인 'will have been watching'이 적절하다.

21. 시제 문제   답 A

제이크는 겨울에 스키를 즐겨 탄다. 사실상, 그는 줄곧 스키를 타러 갈 생각을 해왔다. 그는 지금 쉬고 있기 때문에, 나는 그가 스키를 타러 갈 것이라고 확신한다.

➡ 문제 전체가 현재시제이지만, 그가 가까운 미래에 스키를 타러 갈 것이란 것을 알 수 있기 때문에 미래시제를 사용하게 된다.

22. 시제에 맞는 종속절의 동사   답 C

Mike는 CEO 비서 자리를 포기하기로 결정했다. 그러므로 그는 그의 직속상관에게 그가 회사를 떠날 예정이라고 말을 하였다.

➡ 이 문제는 전체적인 시제가 '과거'인 것을 확인하면 쉽게 풀 수 있는 문제이다. 직장을 그만두기로 마음먹은 것도 과거, 상사에게 말한 것도 과거이니, 시제를 일치시키면 된다.

23. 시제 문제   답 B

유령이 우리 앞에 나타나기 바로 전에 기온이 아주 심하게 떨어졌다.

➡ before 뒤에 과거 시제가 나왔기 때문에, 빈칸에 들어가는 것은 과거 이전 사실을 나타내는 과거완료가 적합하다. 따라서 had dropped가 답이 된다.

24. 시제   답 B

전문가들은 정책 입안자들이 불안의 수준을 낮춰줄 것으로 기대되는 새로운 입법 조치를 시행함으로써 범죄에 대한 대중의 공포에 부응해야 한다고 생각한다.

➡ 문장 끝의 that they hope ~ levels of anxiety는 앞의 new legislative measures를 수식하는 관계사절이다. 새로운 입법 조치는 그것을 도입함으로써 앞으로 대중이 느낄 불안감을 낮춰줄 것으로 기대되는 것이므로 미래시제가 온다.

PART 2_알고나면 정답률 백프로! 가정법

1. 가정법 문제 답 B
케런은 중국에 계시는 할아버지 생신에 그를 놀라게 해드리고 싶었다. 그러나 그녀는 충분한 돈을 모으지 못했다. 만약 그녀가 자전거를 고치지 않았다면, 그녀는 중국에 갈 수 있었을 것이다.

➡ 가정법 과거완료 구문으로 (B)와 (D)가 정답 후보이다. should have been은 의무를 나타내므로 정답일 수 없다. 따라서 (B)가 정답이다.

2. 가정법 문제 답 C
나는 중국에 있을 때 중국어를 배우고 싶었다. 그러나 나는 중국어를 배울 시간이 없었다. 내가 좀 더 오래 머무를 수 있었다면, 나는 중국어를 유창하게 할 방법을 배웠을 것이다.

➡ 가정법 과거 완료 구문으로 (C)와 (D)가 정답 후보이다. should have been은 의무를 나타내므로 정답일 수 없다. 따라서 (C)가 정답이다.

3. 가정법 문제 답 D
어제 브라이언이 판타지 소설을 읽을 때, 그는 작가가 전달하고자 하는 의미를 파악하지 못했다. 만약 그가 책에 더 집중했다면, 그는 메시지를 잘 이해할 수 있었을 것이다.

➡ 과거 사실에 대한 반대를 가정하는 문제이다. 이 경우에는 'If+주어+had p.p, 주어+조동사의 과거형+have p.p' 형식으로 답이 구성된다는 것을 확인해둘 필요가 있다.

4. 가정법 문제 답 C
스티븐슨은 그의 대학 과정을 마무리하지 않은 것을 후회하고 있다. 그의 친구들은 만약 그가 공부를 마무리 지었다면, 그가 더 좋은 직업을 찾을 수 있었을 것이라고 생각한다.

➡ 대학 과정을 마무리하지 않은 것은 과거 사실이고, 그러한 과거 사실에 대한 반대를 가정하기 때문에 가정법 과거완료를 써야 한다. 이 경우에는 'If+주어+had p.p, 주어+조동사의 과거형+have p.p' 형식으로 답이 구성된다는 것을 확인해둘 필요가 있다.

5. 가정법 문제 답 C
이번 학기에 톰이 장학금을 받지 못한 것은 유감이다. 만약 그가 보다 나은 수학 시험 성적을 받았더라면, 그는 장학금을 받았을 것이다.

➡ 과거 사실(수학 성적을 받은 것)에 대한 반대를 가정하고 있기 때문에, 가정법 과거 완료가 사용되어야 한다. 가정법 과거완료는 'If+주어+had p.p, 주어+조동사 과거형+have p.p'이다.

6. 가정법 문제 답 B
비록 맥스가 나쁜 학생은 아니지만, 그는 가끔 선생님들에게 무례한 태도를 보이고는 한다. 만약 그가 선생님들에게 좀 더 공손한 태도를 보였더라면, 그들에게 더 많은 사랑을 받았을 것이다.

➡ 과거 사실(공손한 태도를 보이는 것)에 대한 반대를 가정하고 있기 때문에, 가정법 과거 완료가 사용되어야 한다. 가정법 과거완료는 'If+주어+had p.p, 주어+조동사 과거형+have p.p'이다.

7. 가정법 문제   답 C
서로 다른 지역에서 온 사람들은 종종 서로의 의견에 반대한다. 만약 그들이 좀 더 포용력이 있었다면, 많은 충돌들이 예방될 수 있었을 것이다.

➡ 가정법 과거 완료 구문으로 (C)와 (D)가 정답 후보이다. should have been은 의무를 나타내므로 정답일 수 없다. 가능성을 나타내는 (C)가 정답이다.

8. 가정법 문제   답 A
케이트는 부모님의 결혼 20주년에 그들을 행복하게 해드리고 싶었다. 그러나 그녀는 어제 친구에게 돈을 빌려줘야만 했다. 그래서 그녀는 현재 돈이 충분히 없다. 만약 그녀가 친구에게 돈을 빌려주지 않았다면, 그녀는 부모님에게 좋은 선물을 사드렸을 것이다.

➡ 현재 상황(부모님께 좋은 선물 사드리지 못하는 것)에 대한 반대를 가정하고 있기에, 가정법 과거에 해당한다. 가정법 과거는 'If+주어+과거동사, 주어+조동사+원형'과 같이 사용되는 것을 확인해둘 필요가 있다.

9. 가정법생략/도치/혼합가정법   답 C
Gates는 IT 회사에서 면접을 보았다. 만약 그가 최종선발이 되었다면, 그는 지금 좋은 환경에서 유능한 기술자로 일했을 것이다.

➡ now가 있으므로 혼합가정법이다. 이에 따라 앞에 had p.p가 나왔다고 하더라도, 뒤에 would+have+p.p가 오지 않고, would/could+동사원형이 오게 되는 것이다.

10. 가정법 문제   답 C
거의 모든 것은 우리의 노력에 달려있다. 예를 들어, 만약 학생들이 학기 중에 공부를 열심히 한다면, 그들은 만족스런 점수를 얻을 것이다.

➡ 이 문제는 가정법에 관해서 묻는 문제이다. 주절에 could+동사원형이 왔으니, 앞의 if절에는 동사의 과거형이 와야 한다.

11. 가정법, 생략, 도치 문제   답 B
공자의 사상이 없었다면, 현대 동양 철학은 없었을 것이다. 동양에서 공자의 영향력은 실로 놀라울 정도로 크다.

➡ if가 생략되어 had it not been for로 쓰인 가정법 과거완료 구문이다. 따라서 주절에는 'would+have+p.p' 형태가 쓰인 (b)가 와야 한다. 가정법 과거완료는 if절에 'had p.p', 주절에는 '조동사 과거형(could, would 등)+have+p.p'가 쓰인다는 것을 기억하면 좋다.

12. 가정법 시제   답 D
나는 당신이 Sean을 당연히 안다고 생각했어요. 그렇지 않았다면 제가 당신을 소개했을 거예요. 그렇게 생각했던 것은 제 잘못입니다.

➡ otherwise는 '~하지 않다면'의 의미로 가정법과 함께 잘 쓰인다. 문맥상 과거 사실에 대한 가정이므로, 가정법 과거완료의 시제(조동사의 과거형+have+p.p)가 와야 한다. 여기서 otherwise는 If I hadn't taken it for granted that you knew Sean의 의미이다.

PART 3_놓치면 섭섭한 관계사

1. 관계부사 관련 문제   답 A
매리는 내가 사물을 쉽게 스케치하는 것을 보고 내가 혹시 예술가였냐고 물었다. 그녀는 스케치를 잘하는 사람들은 그리기에 더 소질이 있다고 말했다.

➡ sketch라는 동사 앞에 주어가 존재하지 않고, those가 '사람들'이라는 뜻을 가지고 있기 때문에, 사람을 받아주는 'who'가 오는 것이 적절하다. Whom은 목적격이기 때문에 뒤에 '주어+동사'가 오고, 목적어가 없게 된다.

2. 관계부사 관련 문제   답 D
오늘 아침, 케빈은 그의 여권이 어디에 있는지 집을 다 뒤졌지만, 찾을 수가 없었다. 그의 어머니는 그가 바비큐 파티를 가졌던 정원에 있을 것이라고 말했다.

➡ '장소'와 관련된 관계부사 'where'이 오는 것이 적합하다. (B)와 (D) 중에 문장 전체적인 과거 시제와 맞는 (D)가 정답이다.

3. what 관련 용법   답 B
애플의 '아이폰 6'의 출시로 인해, 삼성의 이사회는 다음 주부터 회의를 할 것이다. 그들은 줄어들고 있는 시장점유율에 대해 어떠한 조치를 취할 것인지에 대해 논할 것이다.

➡ 'what 명사 to 동사'는 '어떠한 ~를 '동사'할 것인지'라는 의미로, 이 문제 같은 경우에는 'what measures to take'='어떠한 조치를 취할 것인지'와 같이 적용되게 된다. 이러한 what의 용법을 알아두면 유용하다.

4. what의 용법 관련 문제   답 A
존과 린다는 무엇을 먹을지, 어떤 책을 읽을 것인지와 같이 사소한 일들에 대해 종종 말다툼을 한다. 그러나 무슨 영화를 볼 것인지가 그들이 가장 많이 다투는 주제이다.

➡ 밑줄에 들어갈 말을 생각해보면 '~할 것'이라는 의미이기 때문에, what이 오는 것이 적합하다. 그리고 그들이 능동적으로 영화를 보는 것이기 때문에 to be watched가 아닌, to watch가 오게 된다.

5. 관계대명사   답 A
수사관들은 부모를 자동차 사고로 잃은 아이들에게 안타까움을 느꼈다.

➡ The investigators felt sorry for the children과 The children's parents did not survive the car accident 두 문장이 하나로 연결된 것이다. 이 연결고리 역할은 The children's를 대신하는 소유격 관계대명사 whose만이 할 수 있다.

6. 관계대명사 문제   답 C
세계에서 가장 비싼 도쿄 아르가와 식당의 음식값은 1인당 미화 277달러가 된다.

➡ 빈칸 뒤에 동사가 왔으므로 주격이 적절하다. 또한 선행사가 The Argawa로 사물이며 콤마(,)가 있는 계속적 용법이므로 which가 답이 된다. That은 계속적 용법으로 쓸 수 없다는 점에 주의하자.

7. 관계사 문제   답 D
모든 약품은 치료해야 할 질병보다 더 심각한 부작용을 일으킬 수 있으므로 조심해서 사용해야 한다.

➡ 빈칸 앞에 선행사가 side effect로 나와 있고, 빈칸 뒤에 동사가 와서 주격 관계대명사가 필요하므로, 빈칸에는 주격 관계대명사 that 혹은 which가 오는 것이 적절하다.

8. 관계사 문제 　　답 C

짧은 시간에 속도를 빨리 올리면, 신진대사가 증가하고, 끝난 후에도 한참 동안 이 증가된 상태가 지속됩니다.

➡ 빈칸 뒤에 동사인 remains가 있으므로 빈칸에는 주어 역할을 할 수 있는 관계대명사가 필요하다. 선행사가 you increase your metabolism이라는 문장 전체이므로, 관계대명사 whichk가 답이 된다.

9. 관계사 문제 　　답 A

엘비스와 관련된 끊임없는 신화에 관해서 다큐멘터리를 찍고 있는 한 남자가 락앤롤 황제가 살아있다는 것을 밝히는 사람이면 누구든지 3백만 달러를 줄 것이라고 제안하고 있다.

➡ 선행사가 없으므로 복합관계대명사만 가능하다. 전치사 to 뒤라고 목적격 쓰지 않게 주의. To 이하의 문장을 보면 빈칸이 동사 finds의 주어이므로 whoever가 적절하다.

10. 관계대명사 문제 　　답 D

무역 이득은 OECD 회원국들이 제공한 외국 원조를 능가할 것이다.

➡ 두 문장을 연결해주는 접속사 구실을 하면서 자신이 이끄는 문장 안에서 are의 주어 역할을 해야 하므로 빈칸에는 주격 관계대명사가 오는 것이 적절하다. 선행사인 countries는 사람이 아니기 때문에 (d)which가 적절하다. (b)what은 그 자체가 선행사를 포함하니까 오답이다.

11. 관계대명사 문제 　　답 D

칼 비트겐슈타인은 모험가였는데, 그의 엄청난 재산은 그의 근면과 능력만큼이나 그의 모험의 이로운 결과들 덕분이었다.

➡ 문맥상 빈칸에는 'and the risk-taker's'를 지칭하는 소유격 관계대명사인 whose가 들어가는 것이 옳다. Whose 대신에 of which를 써도 무방하다.

12. 관계사 문제 　　답 D

자녀 양육은 어떤 수준에서든 비용이 많이 들지만, 입양은 맨 처음에 돈이 많이 든다는 사실이 아주 도전적인 일이다.

➡ 선행사가 costs이므로 관계대명사 which 혹은 that이 적절하다. (a)의 as는 유사관계대명사로 You have the same watch as I do처럼 the same이나 as 등이 올 때 사용할 수 있다.

PART 4_고득점으로 가자! 접속사

1. 주어 동사 일치와 접속사 답 C

미국의 가족들에 대한 최근의 한 연구에 따르면, 두 사람 모두의 수입에 점점 더 의존하고 있다는 것을 알 수 있다.

➡ 주어가 a recent study이므로, 동사는 shows가 적절하다. 또한 빈칸 뒤를 확인해보면, '주어+동사+보어'를 갖춘 완벽한 문장이므로 빈칸에는 접속사 that이 적절하다.

2. 주어 동사의 일치, 연결어 답 A

여자 운동선수들이 고려할 사항은 많다. 그중 영양학 측면에서 가장 큰 관심은 그들이 필요로 하는 영양소를 충분히 섭취하고 있는 가이다.

➡ The number one nutritional concern이 주어이므로, 동사는 is가 적절하고, 빈칸 이하가 'S+V+O' 구조로 완벽하니까 접속사 that이 절절하다.

3. 접속사와 전치사 답 B

구금되어 있는 동안 어떤 남자를 만났는데, 그는 종교와 인류에 관해 많은 것을 가르쳐 줬다.

➡ 전치사 뒤에는 명사, 접속사 뒤에는 '주어+동사'가 온다. 접속사 뒤에 대명사 주어와 be동사가 올 때는 생략될 수 있다. 즉, When he was young, he was shy의 경우 When young, he was shy처럼 쓰일 수 있다. 빈칸 뒤에 in captivity라는 전치사구가 나왔으므로 그 앞에 I was가 생략되었다는 것을 알 수 있다. 그러므로 빈칸에는 접속사인 While이 적절하다.

4. 접속사 문제 답 C

캘거리에서는 첫 번째 캠페인이지만, 그것은 거의 10여 년 전에 미국 각지에서 로데오의 일부분으로 시작되었다.

➡ 문장 내용상 '~임에도 불구하고'라는 뜻이므로, although, though, even if 등이 적절하다. Despite는 전치사이므로 혼동하지 않도록 주의할 필요가 있다.

5. 접속사 문제 답 C

귀 계정으로 전액을 지불하십시오. 그렇지 않으면 법적 조치를 취하겠습니다.

➡ 맥의 내용상 '~하지 않는다면'의 뜻이므로 unless 혹은 otherwise가 적절하다. Unless는 접속사로 unless you pay your bills(청구액을 지불하지 않는다면)처럼 쓰이고, otherwise는 부사로 앞에 나왔던 문장에 대해 '그게 아니라면'의 의미로 쓰인다. 즉, pay your bills, otherwise ~처럼 쓰이므로 빈칸에는 otherwise가 적절하다.

6. 접속사 문제 답 B

초안이 결정되면 저희는 홈페이지 레이아웃에 100% 만족하실 때까지 필요한 모든 것을 하겠습니다.

➡ '초안이 선택된 후 만족할 때까지 해 드리겠다'는 뜻이 되므로 until이 적절하다. Until은 시간의 부사절로서 미래 대신 현재 시제를 이끌게 되므로 you are completely ~로 제시되고 있다. 만약 so를 쓰면 so you will be completely satisfied ~로 미래 시제가 되어야하므로 (a)는 답이 될 수 없다.

7. 접속사 문제   답 D

페탕 씨가 국제학생 지도에 안성맞춤인 이유는 한국어와 일본어를 구사할 수 있고, 아시아에서 왔기 때문이다.

➡ 문맥상 한국어와 일본어를 잘하기 때문에 국제학생들 지도에 딱 맞는다는 것이니까 because, since, as 등의 접속사가 적절하다. 참고로 otherwise는 '~하지 않는다면', by the time은 '~할 때까지'라는 뜻이다.

8. 접속사와 전치사   답 B

외국에서 공부하는 동안 어떤 남자를 만났는데, 그는 그 나라 문화와 문화의 중요성에 관해 많은 것을 가르쳐 줬다.

➡ 전치사 뒤에는 명사, 접속사 뒤에는 '주어+동사'가 온다. 접속사 뒤에 대명사 주어와 be동사가 올 때는 생략될 수 있다. 즉, When he was young, he was shy의 경우 When young, he was shy처럼 쓰일 수 있다. 빈칸 뒤에 studying abroad라는 동사구가 나왔으므로 그 앞에 I was가 생략되었다는 것을 알 수 있다. 그러므로 빈칸에는 접속사인 While이 적절하다.

9. 대등접속사 용법   답 D

비타민 D는 구루병의 예방과 치료를 위해 필요하다. 그래서 사람들은 가능한 한 비타민 D를 많이 섭취해야 한다.

➡ 대등접속사 and 앞뒤에는 같은 형태가 와야 한다. 즉, A and B에서 A와 B의 성격이나 구성이 같아야 한다는 뜻이다. 위 문장의 경우 prevention이 명사이므로 빈칸에도 역시 명사가 필요하다. '~의 치료를 위해'는 for the cure of~라고 표현하므로 중복되는 for the는 생략.

10. 접속사 문제   답 C

군을 떠난 이래로 빌과 그의 아내는 민간직업을 구하지 못했다. 그래서 그들은 도시 생활에서 어려움을 겪어왔다.

➡ 현재완료와 잘 어울리는 접속사가 필요하며, 군을 떠나는 것과 민간직업을 구하지 못하는 것 사이에는 인과관계가 없으므로 Since가 오는 것이 가장 적절하다.

11. 부사절/어순 문제   답 B

아무리 그가 필사적일지라도 티미는 아마 어휘 시험을 통과하지 못할 것이다. 이는 그 많은 단어를 다 외우는 것은 불가능하기 때문이다.

➡ 문맥상 '아무리 ~할지라도'라는 뜻의 however가 양보의 부사절을 이끌어야 한다. 이때 however 이후의 어순은 '형용사+주어+동사'이므로 however desperate he is가 적절함.

12. 접속사 문제   답 D

일제 치하에 있을 때 한국인들은 일본어를 배우도록 강요받았다.

➡ under Japanese rule은 부사구로 앞에는 Koreans were 이 생략되어 있다고 볼 수 있다. 따라서 Koreans were under Japanese rule이라는 문장을 이끌면서 '한국인들이 일제 치하에 처해 있을 때'의 의미를 만들 수 있는 접속사를 찾아야 한다. 이를 만족시키는 것은 (D)

PART 5_쉽게 풀어보는 분사

1. 분사구문 문제 답 A
주제로 돌아와서, Jake는 그 주제에 새로운 정보가 추가되어야 한다고 말했다. 그러므로 사람들은 그 정보를 추가하기 위해 좀 더 일을 해야만 한다.
➡ 분사구문 문제로서, Jake가 직접 주제로 돌아오는 것이므로 능동태인 Returning이 적절하다.

2. 분사구문 답 B
James는 어린 시절부터 유럽에서 자라서 모든 면에서 진정한 신사이다.
➡ James는 과거에 키워진 것이므로 수동태와 완료 시제가 적절하다. 따라서 Having been brought up에서 Having been이 생략된 brought up이 적절하다.

3. 분사 구문 답 D
운동선수들은 경기 결과에 만족해하며 고국으로 돌아갔다. 그들은 앞으로 충분한 휴식을 취할 예정이다.
➡ 주어인 운동선수들이 '만족한' 것이므로 과거분사 satisfied가 들어가야 된다. Satisfying은 '만족을 주는'의 뜻이다. 참고로 '~에 만족하다'라는 표현은 'be satisfied with'이다.

4. 분사구문 문제 답 B
헨리는 영국에서 자라서 모든 면에서 진정한 신사이다.
➡ 헨리는 과거에 키워진 것이므로 수동태 완료 시제가 적절하다. 따라서 Having been raised에서 Having been을 생략한 (b) Raised가 적절하다.

5. 분사구문 답 A
플레이보이 지 창시자인 휴 헤프너는 뇌졸증을 앓고 있다는 소문을 부인하면서 자기는 아주 잘 지내고 있다고 말했다.
➡ 휴 헤프너가 직접 부인하는 능동의 형태여야 하므로 빈칸에는 Denying이 적절하다. (c)와 (d)는 모두 수동의 의미이므로 답이 될 수 없다.

6. 분사구문 답 B
현재 법에는 주당 37.5시간을 초과하는 근로자에 대해 정규 임금의 1.5배에 해당하는 초과 근무 수당을 지불하도록 명시되어 있다. 현실에서 고용주들은 이를 무시한다.
➡ that절 이하에서 employees가 주어이고, must be paid가 동사이다. 따라서 빈칸은 employees를 수식하는 부분이 되므로 분사형태가 적절하다. 직접 일하는 것이니 능동형.

7. 분사 구문 답 C
다른 면에서 볼 때, 많은 마을 공동체가 비슷한 환경문제를 가지고 있다. 그렇기 때문에 그들은 협력해서 문제를 해결해야 한다.
➡ 많은 마을들이 직접 지켜보는 것이 아니라 '다른 면에서' 관찰되어지는 것이기 때문에, 수동태가 오는 것이 적절하다. 따라서 Being seen 혹은 Being이 생략된 Seen이 적절하다.

8. 분사 구문 답 C

사고나 위기와 같은 큰 일이 나면 딸이 나에게 연락을 할 수 있다는 것을 알고 있기에 내 딸과 나는 둘 다 덜 불안하다.

➡ 주어가 My daughter and이고 동사 feel이 뒤에 연결되어 있으므로 분사 형태가 적절하다. 문맥상 능동의 의미이므로 현재분사 knowing을 취해야 한다.

9. 분사 구문 답 C

18세기의 많은 작가는 계몽주의의 교육적이고 과학적인 아이디어에 영감을 받았고, 많은 독자층에게 다가갈 수 있는 문학의 잠재력을 보게 되었다.

➡ Many writers가 주어, were inspired가 동사로 빈칸 앞까지 완벽한 수동태 문장이 왔으므로 뒷부분은 분사구문으로 연결된다는 것을 알 수 있다. 문맥상 작가들이 잠재력을 직접 보는 능동의 의미가 되므로 seeing이 적절하다.

10. 분사구문 문제 답 A

주제로 돌아와서, James는 컴퓨터 프로그램에 새로운 기능들이 추가되어야 한다고 말했다. 그러므로 사람들은 그 기능들을 추가하기 위해 좀 더 일을 해야만 한다.

➡ 분사구문 문제로서, James가 직접 주제로 돌아오는 것이므로 능동태인 Returning이 적절하다.

11. 분사구문 답 B

John은 어린 시절부터 중국에서 자라서 중국 문화의 모든 면에 익숙하다. 그래서 그는 중국에서 일하는 것을 망설이지 않는다.

➡ John은 과거에 키워진 것이므로 수동태와 완료 시제가 적절하다. 따라서 Having been brought up에서 Having been이 생략된 brought up이 적절하다.

12. 분사구문 문제 답 D

1916년부터 1923년까지 데니션 극단과 제휴하였던 무용가 마사 그레이헴은 강력한 표현 스타일을 개발했다.

➡ 1916년부터 1923년까지 제휴했던 것이 먼저이고 나중에 강력한 표현 스타일을 개발했으므로 완료부정사가 적절하다. 또, '~와 제휴하다'는 associate with이므로 문맥상 수동태가 되어 Having been associated with가 되거나 Having been을 생략하고 associated with가 되어야 한다.

PART 6_정답률을 높인다! 준동사&조동사

1. 조동사 문제　　　답 D
최근 한국은행은 이자율을 2.0%에서 1.75%로 삭감하는 법안을 통과시켰다. 그 법안이 통과되기 전에는, 사람들은 그들의 저축으로부터 더 많은 이자를 받을 수 있었다.

➡ 빈칸에 적합한 조동사를 고르는 문제이다. 의미상으로 '~할 수 있었다'가 들어가야 하고, 시제가 과거이기 때문에 could를 넣는 것이 적당하다.

2. 동사의 형태 문제　　　답 C
그 영화는 코믹영화처럼 보였고, 귀신이 나타날 징조는 보이지 않았다. 그러나 귀신이 갑자기 나타나자마자, 영화는 공포스러운 장면이 되었다.

➡ 빈칸에는 밑줄 뒤의 'scene'을 꾸며줄 수 있는 형용사와 같은 단어가 와줘야 한다. Scene과 같이 사람이 아닌 경우에는 동사에 '-ing'를 붙여 형용사의 역할을 하게 할 수 있으며, 사람이 오는 경우에는 '-ed'를 붙이게 된다.

3. 주어 자리에 맞는 동사형태　　　답 B
부자들 중에 아픈 과거를 가진 사람이 있다는 것은 그다지 놀라운 일이 아니다. 그런 종류의 사람에게 있어서는 과거의 그들 모습을 생각하는 것은 다시 생각하기 싫은 상처이다.

➡ 주어 자리에 동사의 변화형이 올 때에는 주로 동명사가 쓰이지만, 보기에는 동명사가 없기 때문에 to부정사가 와도 무방하다.

4. to부정사 문제　　　답 D
기수의 말에 복종하지 않는 고집 센 말은 경기에 출전하지 못했다. 이는 모두의 안전을 위한 것이었다.

➡ refuse는 '앞으로 ~할 것을 거절하다.'라는 뜻이므로 뒤에 to부정사를 목적어로 취한다. 유사한 동사로는 want, hope, expect, decide 등이 있고, 모두 뒤에 to부정사가 연결된다.

5. 동사의 형태 문제　　　답 B
실제로 임금 인상이 되기도 전에 새로운 자동차를 사는 것은 일의 순서가 바뀐 것 같아 보인다. 만약 임금 인상이 안되면 너는 곤경에 처하게 될 것이다.

➡ 문장에서 동사는 seems이므로 빈칸부터 a raise 까지가 주어 역할을 한다. 선택지 중에서 주어가 될 수 있는 것은 동명사와 to부정사인 (b),(c),(d)인데, (c),(d)는 수동태라 오답이다.

6. 현재분사　　　답 B
사람들은 그들 마음대로 주문을 할 수 없다. 사무용품을 주문하려면 먼저 부서 책임자와 상의를 해야 한다.

➡ 맥락을 보면, 빈칸이 anyone을 수식해야 되는 것을 알 수 있다. 그렇기 때문에 관계대명사나 분사가 와야 한다. Anyone을 의미상의 주어로 볼 때 사무용품을 주문하는 것은 능동의 뜻이 되므로 현재분사가 적절하다.

7. 동사 형태 문제   답 B
당신의 짐은 비행기에 실리기 전에 검사를 통과해야 합니다.

➡ 전치사 뒤에는 동명사 형태가 나와야 하고, 짐은 비행기에 실리는 대상이기 때문에 수동태가 적절하다.

8. 조동사 문제   답 C
우리가 모든 사업상 거래에서 100% 솔직하고, 성실하고, 정직하여 진실해야 하는 것은 필수적인 사항이다.

➡ necessary, vital, essential, important, advisable, imperative 등의 형용사가 올 때에는 뒤에 'that+주어+should+동사원형'이 오게 된다.

9. 조동사 문제   답 C
무릎 부상을 입은 채 KL 2010 사이클 경기에 출전하는 것은 매우 힘든 일이었을 것이지만, Vincent는 강인한 남자였고, 이를 극복했다.

➡ can은 가능성, should는 의무, must는 강한 추측을 나타낸다. 무릎 부상을 입은 채 사이클 경기에 참석하는 것은 매우 힘든 일이었을 것으로 추측이 가능하므로, must를 사용한다. Must 뒤에 have+p.p가 따라오는 상황에서는 '의무'의 의미가 아니므로 유의해야 한다.

10. 조동사   답 D
그 연구자들은 그 약물치료가 몇몇 말기의 질병을 가진 환자들에게 해로울 수도 있다고 제시한다.

➡ 문맥상 사전 조사 결과 '약물이 암에 대해 효능이 있을 수도 있다.'는 가능성을 언급하는 것이 자연스러우며, 추측이나 가능성을 나타내는 조동사 may가 적절하다. Must는 '~해야만 한다'는 의무와 '반드시 ~할 것이다'라는 확신을 나타내므로 가능성을 표현하기에 부적절.

11. to부정사   답 D
알레르기를 일으킬 수 있는 물질을 없애기 위해서는, 단단한 목재로 만든 바닥재나 가죽 가구를 선택하는 편이 낫다.

➡ 문맥상 '~하기 위해서'라는 의미가 되어야 되므로 To get 혹은 in order to get 등이 적절하다. (c)의 경우 '알레르기를 일으키는 물질을 없앤 후에'라는 뜻이 되므로 문맥상 답이 될 수 없다.

12. 동사의 형태   답 C
귀네스는 독립적으로 생각하기를 선택했기 때문에 종종 외톨이가 된 느낌을 받았다.

➡ It feels relaxing(그것은 긴장을 풀어주는 느낌이다)처럼 직접 그런 느낌을 주는 경우 현재분사 relaxing을 쓰고, I feel relaxed(나는 긴장이 풀린 느낌이다)처럼 그런 느낌을 받을 때는 과거분사인 relaxed를 쓴다. 문맥상 '배척당하는 느낌을 받은 것'이므로 과거분사인 ostracized가 적절하다.

G-TELP
문법 끝판왕 500제

모의고사
정답 및 해설

모의고사 정답 및 해설

정답지

1회

1. (A) 2. (B) 3. (A) 4. (A) 5. (C) 6. (B) 7. (D) 8. (B) 9. (B)
10. (B) 11. (B) 12. (A) 13. (B) 14. (C) 15. (B) 16. (A) 17. (C) 18. (C)
19. (A) 20. (D) 21. (C) 22. (C) 23. (B) 24. (B) 25. (C) 26. (A)

2회

1. (B) 2. (B) 3. (D) 4. (A) 5. (D) 6. (A) 7. (D) 8. (D) 9. (A)
10. (D) 11. (B) 12. (D) 13. (D) 14. (A) 15. (A) 16. (A) 17. (A) 18. (B)
19. (D) 20. (B) 21. (C) 22. (B) 23. (C) 24. (C) 25. (B) 26. (D)

3회

1. (B) 2. (A) 3. (C) 4. (D) 5. (C) 6. (C) 7. (C) 8. (B) 9. (D)
10. (B) 11. (D) 12. (C) 13. (A) 14. (B) 15. (B) 16. (B) 17. (C) 18. (D)
19. (D) 20. (C) 21. (D) 22. (A) 23. (C) 24. (D) 25. (B) 26. (B)

4회

1. (A) 2. (A) 3. (D) 4. (B) 5. (C) 6. (B) 7. (B) 8. (C) 9. (D) 10. (D)
11. (C) 12. (D) 13. (A) 14. (A) 15. (B) 16. (C) 17. (A) 18. (D) 19. (A) 20. (D)
21. (C) 22. (B) 23. (D) 24. (C) 25. (A) 26. (C)

5회

1. (D) 2. (B) 3. (B) 4. (D) 5. (B) 6. (C) 7. (D) 8. (B) 9. (C)
10. (A) 11. (A) 12. (A) 13. (B) 14. (D) 15. (D) 16. (C) 17. (B) 18. (A)

19. (B) 20. (D) 21. (C) 22. (D) 23. (D) 24. (B) 25. (B) 26. (C)

➡ 6회

1. (C) 2. (C) 3. (A) 4. (D) 5. (B) 6. (B) 7. (D) 8. (D) 9. (B)
10. (B) 11. (B) 12. (C) 13. (D) 14. (C) 15. (C) 16. (B) 17. (B) 18. (C)
19. (A) 20. (B) 21. (A) 22. (C) 23. (D) 24. (B) 25. (C) 26. (B)

➡ 7회

1. (C) 2. (D) 3. (C) 4. (B) 5. (D) 6. (C) 7. (D) 8. (B) 9. (B)
10. (C) 11. (C) 12. (D) 13. (A) 14. (B) 15. (D) 16. (D) 17. (B) 18. (C)
19. (D) 20. (C) 21. (B) 22. (C) 23. (B) 24. (B) 25. (D) 26. (B)

➡ 8회

1. (C) 2. (B) 3. (B) 4. (C) 5. (D) 6. (B) 7. (D) 8. (D) 9. (A)
10. (D) 11. (B) 12. (B) 13. (A) 14. (D) 15. (D) 16. (C) 17. (A) 18. (C)
19. (D) 20. (A) 21. (C) 22. (C) 23. (C) 24. (A) 25. (A) 26. (D)

➡ 9회

1. (A) 2. (C) 3. (B) 4. (C) 5. (D) 6. (B) 7. (B) 8. (D) 9. (C)
10. (B) 11. (C) 12. (A) 13. (D) 14. (C) 15. (C) 16. (B) 17. (D) 18. (C)
19. (B) 20. (A) 21. (C) 22. (D) 23. (B) 24. (C) 25. (B) 26. (C)

➡ 10회

1. (D) 2. (A) 3. (C) 4. (D) 5. (B) 6. (B) 7. (D) 8. (B) 9. (C)
10. (B) 11. (D) 12. (B) 13. (D) 14. (B) 15. (B) 16. (B) 17. (B) 18. (A)
19. (B) 20. (D) 21. (B) 22. (B) 23. (C) 24. (C) 25. (D) 26. (C)

11회

1. (C) 2. (C) 3. (C) 4. (B) 5. (C) 6. (D) 7. (D) 8. (B) 9. (C)
10. (D) 11. (D) 12. (B) 13. (D) 14. (D) 15. (A) 16. (D) 17. (D) 18. (D)
19. (B) 20. (B) 21. (D) 22. (C) 23. (C) 24. (D) 25. (B) 26. (C)

12회

1. (C) 2. (D) 3. (B) 4. (C) 5. (B) 6. (A) 7. (B) 8. (B) 9. (B)
10. (A) 11. (D) 12. (B) 13. (B) 14. (A) 15. (D) 16. (D) 17. (D) 18. (A)
19. (B) 20. (D) 21. (A) 22. (D) 23. (C) 24. (A) 25. (A) 26. (B)

13회

1. (D) 2. (C) 3. (D) 4. (B) 5. (D) 6. (C) 7. (D) 8. (D) 9. (B)
10. (D) 11. (B) 12. (B) 13. (D) 14. (C) 15. (A) 16. (B) 17. (A) 18. (B)
19. (D) 20. (C) 21. (A) 22. (C) 23. (D) 24. (B) 25. (B) 26. (C)

14회

1. (D) 2. (C) 3. (B) 4. (B) 5. (C) 6. (C) 7. (A) 8. (C) 9. (D)
10. (C) 11. (B) 12. (C) 13. (B) 14. (B) 15. (A) 16. (C) 17. (B) 18. (C)
19. (A) 20. (D) 21. (D) 22. (A) 23. (A) 24. (D) 25. (C) 26. (B)

15회

1. (A) 2. (C) 3. (D) 4. (B) 5. (A) 6. (B) 7. (C) 8. (B) 9. (A)
10. (A) 11. (C) 12. (C) 13. (C) 14. (A) 15. (C) 16. (D) 17. (D) 18. (B)
19. (C) 20. (C) 21. (C) 22. (D) 23. (B) 24. (A) 25. (A) 26. (A)

16회

1. (D) 2. (C) 3. (D) 4. (C) 5. (B) 6. (A) 7. (A) 8. (A) 9. (D)
10. (C) 11. (B) 12. (A) 13. (D) 14. (D) 15. (D) 16. (A) 17. (A) 18. (B)
19. (C) 20. (C) 21. (D) 22. (D) 23. (B) 24. (D) 25. (A) 26. (B)

정답 및 해설

1. how와 관련된 문제 답 A

세계적인 추세에 발맞추기 위해, 많은 사람들이 중국어 수업을 듣는다. 그들은 그들의 삶에서 어떻게 하면 중국어를 잘할 것인지에 대해 배우는 것의 필요성을 깨닫고 있다.

➡ 빈칸에 '어떻게 ~하는가'라는 의미가 오는 것이 적절하기 때문에, 'how'가 적합하다. 'how to use~'는 '~을 어떻게 사용하는가'라는 의미로 자주 나오기 때문에 기억해두면 좋다.

2. should 생략과 관련된 문제 답 B

최근에 많은 정치인들이 공무원들의 연금과 관련된 문제에 대해 논하고 있다. 많은 사람들은 연금이 삭감되어야 한다고 강조하고 있다. 입법자들은 연금을 줄일지 말지에 대해서 논의하고 있는 중이다.

➡ 수동태의 원형인 (B)와 능동태의 원형인 (D)가 정답 후보이다. that절 이하의 주어가 사물 'it'으로 수동태 be reduced가 적합하다.

3. 접속사 앞뒤 형태 일치 문제 답 A

Kevin은 여자들이랑 데이트할 기회가 없었기 때문에, 그는 Mary를 만났을 때 정확히 뭘 해야 되는지 몰랐다. 그는 쇼핑을 갈지, 아니면 그녀와 함께 점심을 먹을지 결정하지 못했다.

➡ 'or' 앞부분을 보면 'to go shopping'을 볼 수 있다. 이에 따라 or 뒤에도 같은 형태로 'to go out'처럼 to부정사 형태가 오는 것이 맞다.

4. 부정어 관련 문제 답 A

그동안 제임스 본드를 열광적으로 좋아하는 팬들은 많았으나, 모든 007 영화를 포함하게끔 자신의 이름을 바꾼 23살 영국 청년만 한 사람은 없다.

➡ 주어가 필요하므로 명사의 역할을 할 수 있는 nothing, none, neither가 후보로 남는다. Neither는 2개가 있을 때 '둘 다 아니다'라는 뜻이기에 부적절, none은 셀 수 있는 명사를 나타낼 때 복수취급한다. 팬은 셀 수 있으므로 none을 주어로 쓰려면 뒤에 동사가 'compare'가 되어야 한다. 따라서 nothing이 적절하다.

5. used to 용법 관련 답 C

다행히도 재정위기를 극복한 뒤 노동조합은 과거에 비해서 지금 소득이 더 많아졌다.

➡ used to는 과거의 습관이나 상태를 나타내는 조동사이다. 빈칸에 used to를 넣으면 과거의 상태를 나타내게 되어 앞의 내용과 자연스럽게 연결된다. 또한 여기서는 used to 뒤에 have가 생략되는 것으로 보는 것이 맞다.

6. 수 일치/태 답 B

Kevin의 설명은 그의 동시대 사람들의 의견을 정확하게 서술해준다. 그래서 사람들은 Kevin의 이야기를 듣는 것을 좋아한다.

➡ 주어가 3인칭 단수인 Kevin's account이므로 동사는 depicts로 일치되고, 빈칸 뒤에 목적어가 있으므로 능동태가 와야 한다.

7. 관사 문제   답 D

이 공동체에서 비슷한 나이와 성별을 가진 모든 사람들은 거의 같은 옷을 입는다. 그래서 내가 그 사실을 알았을 때, 난 많이 놀랐다.

➡ same은 주로 the same과 같은 형태로 쓰인다. Much가 비슷함을 나타내는 어구를 수식하여 '거의 대체로'라는 뜻을 나타내는 것을 알아두자.

8. From A to B 문제   답 B

Jason은 식료품을 사는 것부터 아들을 탁아소에 데려다주는 것까지 해야 할 심부름이 너무 많았다.

➡ From A to B 구문이다. 앞의 from과 to는 전치사이므로, 그 뒤에 동명사가 오는 것이 맞다. 앞에 picking up이 온 만큼, 뒤에도 -ing가 붙는 것을 골라야 한다.

9. 가정법 과거완료 시제   답 B

경찰이 좀 더 조심하고 준비를 했더라면, 그런 공격이 발생하지 않았을 것이기 때문에 경찰에 부분적인 책임이 있다.

➡ if절에는 'had+p.p' 주절에는 '조동사의 과거형+have+p.p'가 오게 된다. 참고적으로, happen은 자동사이기 때문에 수동태를 취하지 않는다.

10. 형용사의 비교급, 최상급   답 B

센트럴 퍼시픽 팀은 시에라네바다 산맥을 가로질러야 했기 때문에 두 팀 중 더 힘들었다.

➡ of the two라고 나와 있기 때문에, 2개를 비교함을 알 수 있다. 최상급은 3개 이상일 때 쓰인다. 그리고 두 개 중에서 가장 어려운 것이므로 the+비교급의 형태로 써야 한다.

11. 동명사의 형태   답 B

과거에 가난했다는 것은 부끄러워할 일이 아니지만 그것을 부끄러워하는 것이야말로 부끄러운 일이다.

➡ 완료동명사는 술어 동사보다 한 시제 앞선 과거를 나타낸다. 그러므로 '과거에 가난했다'는 것이므로 완료 동명사인 Having been이 적절하다.

12. 주어 동사 일치 문제   답 A

법관다운 품행이란 법원과 공공장소 모두에서 법관에게 기대되는 높은 기준의 개인 행위를 뜻한다.

➡ that이라는 주격 관계대명사 뒤에 빈칸이 왔으므로 동사가 들어갈 자리임을 알 수 있다. 선행사가 the high standard of personal conduct로 단수이므로 빈칸에는 단수동사인 is가 적절하다.

13. 주어에 맞는 동사형태 찾기   답 B

똑똑한 사람들 중에 아픈 과거를 가진 사람이 있다는 것은 그다지 놀라운 일이 아니다. 그런 종류의 사람에게 있어서는 그들의 과거 모습을 생각하는 것은 정말 아픈 상처이다.

➡ 주어자리에 동사의 변화형이 올 때는 주로 동명사가 쓰이지만, 보기에는 동명사가 없기 때문에 to부정사가 와도 무방하다.

14. 가정법에 관한 문제   답 C

거의 모든 것은 우리의 노력에 달려있다. 예를 들어, 만약 직원들이 회사의 중요한 프로젝트를 위해 열심히 일을 한다면, 그들은 좋은 직위로 승진할 것이다.

➡ 이 문제는 가정법에 관해서 묻는 문제이다. 주절에 could+동사원형이 왔으니, 앞의 if절에는 동사의 과거형이 와야 한다.

15. 'enable+목적어+to부정사' 답 B

비행기는 여행객들이 그들이 가고자 하는 곳 어디든지 가게 해준다. 이는 사람들이 해외로 나가는 것을 편리하게 해준다.

➡ enable 외에도 advise, invite, allow, permit, ask, persuade, remind, force, urge, warn 등의 동사도 '목적어+to부정사'를 취하므로 기억해두면 좋다.

16. 주어 동사의 일치, 연결어 답 A

헬스 트레이너들이 고려할 사항은 많다. 그중 영양학 측면에서 가장 큰 관심은 그들이 필요로 하는 영양소를 충분히 섭취하고 있는 가이다.

➡ The number one nutritional concern이 주어이므로, 동사는 is가 적절하고, 빈칸 이하가 'S+V+O' 구조로 완벽하니까 접속사 that이 절절하다.

17. 시제와 태 답 C

라디오가 세계적인 힘으로 발전하게 된 것은 비교적 급속하게 일어났다. 많은 사람들에게 있어서 라디오는 놀라운 발명품이었다.

➡ occur는 자동사이므로 수동태를 쓸 수가 없다. 라디오의 발전은 이미 진행된 사건이므로 과거시제가 오는 것이 적절하다.

18. 시제와 태 답 C

검은색과 은색이 섞여 있는 클라리넷을 불고 있는 모습이 자주 목격되었던 로저의 유골이 화장되어 그가 50년이 넘게 연주해 온 악기 속에 묻혔다.

➡ bury는 '묻다'라는 의미의 타동사이다. 주어 The cremated remains of Roger가 묻힌 것으로 수동태 be buried가 되어야 하며, 이때 주어가 remains로 복수이기에 were buried가 정답.

19. 분사 문제 답 A

새로운 무역 조약은 매우 복잡한 협정인데, 그것을 아무도 완벽하게 이해하는 것처럼 보이지 않는다. 나는 그 조약이 모두를 위해서 보다 이해하기 쉽게 되어야 한다고 생각한다.

➡ 문맥상 빈칸에는 '복잡한'이라는 뜻의 complicated가 들어가서 명사 agreement를 수식해야 한다. 참고로 complicate는 '복잡하게 하다.'의 동사이다. 또한 'complication'은 합병증이라는 명사형으로 사용된다.

20. 요구, 주장 관련 형용사 답 D

디자인 부서의 모든 엔지니어가 앞으로 10일 내로 새로운 기초 소프트웨어 설치를 마치는 것이 중요하다.

➡ 형용사 necessary, vital, essential, important, imperative, desirable 등의 뒤에는 'that+주어+(should)+동사원형'이 오는 걸 기억하자.

21. 동사 forget의 용법 답 C

무어 씨는 어제 지갑을 가져오는 것을 잊어버려서 차를 돌려 집에 돌아가야만 했다.

➡ '지갑을 가지고 나와야 하는 것을 잊었다'는 뜻이 와야 하니까 to부정사인 to bring이 목적어로 쓰여야 한다. 또한 과거로 표현된 '집으로 돌아가야만 했던' 시점보다 지갑을 가져오는 것을 잊은 시점이 앞서기 때문에 had p.p가 적절하다.

22. 동사의 형태 문제 답 C

새로 들여올 책들을 위한 공간을 만들기 위해 치워야 하는 책상이 오래된 책들로 덮인 채 현관 정면에 놓여 있다.

➡ 'There+동사+주어'로 완벽한 문장 뒤에 연결되는 형태이므로 분사나 관계사 절이 올 수 있다. Table

은 책으로 덮인 것이므로 수동의 의미가 된다. 따라서 which is covered에서 which is가 생략되어 과거분사 covered로 수식한다.

23. 관계사 문제   답 B
식민지화는 오랫동안 서방 세계의 팽창과 함께 발달한 문화적, 경제적 착취의 구체적인 형태이다.

➡ 선행사가 a specific form of cultural and economic exploitation이므로 관계대명사 that 혹은 which가 적절하다. Whichever의 경우 복합관계사로 선행사가 없는 경우에 쓰인다.

24. determine의 용법   답 B
Chris는 다가오는 축구 경기에서 VIP 타이틀을 지키려고 마음먹고 하루 10시간 축구 연습을 했다.

➡ determine은 타동사로 쓰여서 '~에 대한 정확한 사실을 밝혀내다, 결정하다, ~에 대해 지대한 영향을 미치다.'라는 뜻을 나타낸다. '~을 결심하다'라는 뜻으로 쓰이기도 하는데, 이 경우 격식적 표현이 되므로 일반적으로는 형용사 determine을 써서 'be determined to+동사원형'의 형태로 많이 사용된다.

25. 시제 문제   답 C
Harry가 이 메일을 받을 때쯤이면 James는 이미 지루한 일상에 활기를 찾기 위해서 유럽으로 여행을 떠났을 겁니다.

➡ 전형적인 미래완료 형태의 문장. 앞 문장은 사실 By the time Harry will get this mail로 미래를 의미하지만, 시간부사절이라 현재형을 쓴 것이다. 미래의 어느 때까지 완료되는 행위를 나타내므로 뒷 문장에는 미래완료가 와야 한다.

26. 태와 동사   답 A
공부하다가 문제가 있으면 주저하지 마시고 교수님이나 조교들에게 질문해 주십시오.

➡ 앞으로 할 것을 주저하는 것이므로 'hesitate to부정사'가 적절하고, 직접 물어보는 것이므로 수동태는 적절하지 않다.

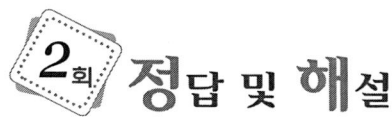
정답 및 해설

1. should 생략   답 B
Jane이 Tom에게 아이들을 키울 돈이 없다고 말하자, Tom은 Jane을 돕기 위해서 돈을 좀 주었다. 그는 그때 돈을 받을 것을 요구하면서 그녀에게 돈을 건넸다.

➡ insist, require, suggest와 같이 요구, 주장, 조건, 제안, 명령의 의미를 갖는 동사가 오면 that절에는 '주어+(should)+동사원형' 형태가 오게 된다.

2. 'enable+목적어+to부정사'   답 B
DNA는 전 세계의 경찰들이 범인들을 추적하고, 체포할 수 있게 도와준다. 이는 사람들이 그들이 안전하다는 느낌을 받게 한다.

➡ enable 외에도 advise, invite, allow, permit, ask, persuade, remind, force, urge, warn 등의 동사도 '목적어+to부정사'를 취하므로 기억해두면 좋다.

3. 명사와 관사   답 D
전직 판사가 배심재판 중에 코카인을 복용해서 4년 실형을 선고받았다.

➡ '감옥에 갇혀 있을 때'는 관사 없이 in jail이나 in prison이라는 표현을 사용한다. 'Behind bars'라는 표현도 같은 뜻인 것도 참고하자.

4. 태와 부사   답 A
어떤 남아프리카 사람이 Nahoon강에서 멀리 떨어져 카누를 타고 있었는데, 실수로 위험한 잠베시 상어의 꼬리를 잡아서 심하게 다쳤다.

➡ hurt는 '~을 다치게 하다'의 뜻이므로, He hurt himself 또는 수동태로 He was hurt로 쓰인다. 또, '심하게'라는 뜻의 부사가 필요하므로 badly가 적절하다고 볼 수 있다.

5. 병렬구조 시제일치   답 D
동양산 광대파리는 자몽, 레몬, 오렌지에 광범위한 피해를 주지만 그 과일이 자라는 나무에는 해를 주지 않는다.

➡ but 앞의 시제가 causes로 현재이고, 주어가 3인칭 단수이므로 빈칸은 현재시제인 does not give로 일치시키는 것이 정답이다.

6. urge의 용법   답 A
어떤 사람들은 담배보다 덜 해로운 대안으로 흡연자들에게 씹는 담배를 알려야 한다고 주장한다.

➡ urge는 '촉구(주장)하다'의 뜻으로 'that+주어+(should)+동사원형'으로 쓰인다. 또, 문맥상 씹는담배가 흡연자들에게 알려지는 것이므로 수동태가 적절하다.

7. 태와 형용사   답 D
토요일에 한 여성이 자신의 새 아파트의 냉장고에서 개 한 마리가 죽어있는 것을 발견하고 놀랐다.

➡ find A B 형태로 'A가 B한 상태임을 알게 되다'는 뜻인데, 문맥상 '개가 죽은 상태라는 것을 알게 되었다.'는 뜻이 된다. 개가 주어이므로 수동태 was found가 와야 하고, '죽은'이라는 형용사는 dead 이다. Deadly는 '치명적인'이라는 뜻이다.

8. 대명사 문제　　　　　　　답 D

바다의 표면을 따라서 스치듯이 수영하는 해파리는 그들의 수상 서식지에 완벽하게 적응한다.

➡ 주어는 jellyfish인데, 이 단어는 단수형과 복수형이 같다. 단수로 쓰일 때는 a jellyfish처럼 쓰이고, 복수일 때는 관사 없이 그냥 jellyfish라고 쓰인다. Jellyfish are를 통해 이 문장에서 jellyfish는 복수로 쓰인 것을 알 수 있다. 복수인 jellyfish를 받는 대명사 their가 적절하다.

9. 주어 동사 일치와 태　　　　답 A

상점의 재고품 목록에 없는 씨앗은 신선하고 살아있는 것으로 확보하기 위해 제철이 되는 대로 선적된다.

➡ assure는 '~에게 ~을 확실하게 하다'는 뜻이다. Assure 뒤에 사람 목적어가 와야 하는데, 없고 문맥상 you가 확신 받는 것이므로, 수동태가 되어 are assured가 적절하다.

10. 가정법 과거완료　　　　　답 D

여권이 없었다면 우리는 회의에 참가하지도 못했을 것이다. 그 회의는 많은 도움이 되었다.

➡ If절에 hadn't already had로 과거완료 시제가 와서 주절은 '조동사 과거형+have+p.p'가 되어야 하므로 wouldn't have participated가 적절하다.

11. 조동사 문제　　　　　　　답 B

우리는 젊었을 때라도 Lido 극장에서 영화를 본 후 케니스 버거바에 가곤 했다.

➡ When young은 when we were young으로 과거 시제 이고 often이 있으므로 '과거에 흔히 ~하곤 했다'는 뜻이 되어야 하므로 used to가 적절하다. Once는 '한 때 ~했다'는 뜻이므로 We once often went to~ 로 시제를 과거로 바꿔야 답이 될 수 있다.

12. 품사 문제　　　　　　　답 D

최근 다소 불가사의하게도, 누카마쿠족 80명이 야생을 벗어나 현대 문명에 합류할 준비가 되어 있다고 밝혔다.

➡ and로 연결되는 병렬 구조이다. 부사 Recently가 rather 앞에 왔으므로 부사 mysteriously가 답이 된다. 이처럼 부사는 문장 전체, 동사, 형용사, 부사 등을 수식할 수 있고 형용사는 명사를 수식한다.

13. 가정법 시제 문제　　　　답 D

순수하게 실용적인 면만을 고려할 때, 최근 몇 년의 세금 감면이 없었더라면 사람들이 더 살기 좋았을 것이다.

➡ 주절에서 would have been을 통해 가정법 과거 완료임을 알 수 있다. 빈칸에는 if it had not been 혹은 if를 생략한 had it not been이 적절하다. 분사구문으로 착각하여 (c)를 답으로 고르지 않도록 조심하자.

14. 접속사 앞뒤 형태 일치 문제　답 A

Karl은 최근에 여자들이랑 데이트할 기회가 없었기 때문에, 그는 Jane을 만났을 때 정확히 뭘 해야 되는지 몰랐다. 그는 영화를 보러 갈지, 아니면 그녀와 함께 산책을 할지 결정하지 못했다.

➡ 'or' 앞부분을 보면 'to go to a movie'를 볼 수 있다. 이에 따라 or 뒤에도 같은 형태로 'to go out'처럼 to부정사 형태가 오는 것이 맞다.

15. 부정어 관련 문제　　답 A

브리트니 스피어스를 열광적으로 좋아하는 팬들은 많았으나, 그녀의 모든 콘서트를 따라다닌 18살 소녀만 한 사람은 없다.

➡ 주어가 필요하므로 명사의 역할을 할 수 있는 nothing, none, neither가 후보로 남는다. Neither는 2개가 있을 때 '둘 다 아니다'라는 뜻이기에 부적절, none은 셀 수 있는 명사를 나타낼 때 복수취급한다. 팬은 셀 수 있으므로 none을 주어로 쓰려면 뒤에 동사가 'compare'가 되어야 한다. 따라서 nothing이 적절하다.

16. 수 일치 문제　　답 A

미국 경제에 대한 전망이 밝음에도 불구하고, 소비자들은 지속적인 금리 인상의 장기화라는 새로운 재정적 부담에 막 직면하고 있다.

➡ 빈칸의 동사의 주어는 복수명사 prospects이고 for the American economy는 주어의 수식어구이다. 전망을 뜻할 때는 복수형으로 쓴다.

17. 가목적어/진목적어　　답 A

인터넷은 이 전자 지구촌에서 사람들이 정보와 전문지식을 쉽게 교환하도록 해주었다. 이것은 궁극적으로 사람들의 지능과 상식 또한 향상시켜줬다.

➡ 보통 진목적어로는 to부정사, 동명사, 명사절 등이 올 수 있는데, 빈칸 앞에 to부정사의 의미상 주어인 for people이 왔으므로 정답은 to exchange밖에 될 수 없다.

18. 시제/수 일치　　답 B

그들은 그 여성들이 수집한 옷감 조각을 퀼트로 만들어 경매에 내놓았다.

➡ the woman collected가 앞에 있는 The scraps of materials를 수식하고, The scraps가 주어이므로 동사는 복수형이어야 한다. They put up for auction의 시점은 과거이고, 문맥상 수집한 옷감 조각이 퀼트로 만들어진 후 경매에 내놓는 것이므로 빈칸에는 과거 시제가 적절하다.

19. 시제/태 문제　　답 D

회의 후 귀사에 진척 사항이 있는지 매우 궁금합니다.

➡ '현재완료+since+과거시제'이다. 진행 또는 진척 되어지는 것이므로 문맥상 수동태가 필요하므로 have(has) been + p.p가 되어야 한다.

20. 가정법 관련 문제　　답 B

웹메일 계정에 대해 문제가 있다면 아래의 세부 정보를 이용해 연락을 주세요. 기꺼이 도와드리겠습니다.

➡ If you have~, If you should have가 올 수 있는데, 후자의 경우 If를 생략하고, Should you have~ 처럼 쓸 수가 있다.

21. 어순 문제　　답 C

달리기는 몸매관리를 위한 것이 아니라, 그녀가 고민에 빠졌을 때 탈출하는 방법이다.

➡ 문맥상 '달리기는 몸매관리를 위한 것이 아닌'이라는 뜻이 되어야 하기 때문에 부정어 not 뒤에 보아 something이 온 후, 관계대명사 which가 생략되고, she와 동사 does가 연결된 것이 알맞다.

22. 가정법 관련 문제　　답 B

사람들은 자신의 주장을 남에게 강요하는 것을 좋아한다. 그들은 가끔 불만 없이 명령에 따르라고 한다. 만약 그들이 좀 더 개방적인 성향이 있었다면, 직원들이 근무환경에 보다 더 만족했을 것이다.

➡ 과거에 일어난 일에 대한 가정을 전제로 하기 때문에 가정법 과거완료를 사용해야 한다. If 가정법 과거 완료는 if 주어+had+p.p, 주어+조동사 과거+have+p.p의 형태이다. Should+have+p.p는 '~했어야 했다.'라는 뜻이기 때문에 옳지 않다고 볼 수 있다.

23. 시제 및 수 일치 답 C

1923년에 처음 출판된 이래로, 26개의 산문시 모음집인 〈예언자〉는 9백만 부가 넘게 팔렸다.

➡ since가 '~이래로'라는 의미로 쓰이기 때문에, 주절에 현재완료가 와야 하고, 주어가 the prophet이기에 동사는 단수형인 has가 온다.

24. 부사 관련 문제 답 C

영국-일본의 관계에 대한 학회에 참석했던 대부분의 사람들은 야마모토 사토가 진행자로 적격이라고 생각했다.

➡ '이상적으로 잘 맞는'이라는 뜻이 들어가는 것이 적합하다. 따라서 빈칸에는 '잘 맞는'이라는 뜻의 형용사 'suited'를 수식할 수 있는 '이상적으로'라는 뜻의 ideally가 들어간다.

25. 분사구문/ 생략구문 문제 답 B

일단 다 끓이고 나면 좋은 커피 냄새는 다 나가고 씁쓸한 좋지 않은 냄새만 남는다.

➡ 접속사 뒤에 오는 대명사 주어와 be동사는 생략할 수 있다. Once 뒤에 it is가 생략된 것으로 커피는 직접 끓이는 것이 아니라 끓여지는 것이므로 수동의 의미로 brewed가 된다. (d)의 경우 once you brew coffee가 되어야 답이 될 수 있다.

26. 관계대명사 문제 답 D

무역 이득은 OECD 회원국들이 제공한 외국 원조를 넘어설 것이다.

➡ 두 문장을 연결해주는 접속사 구실을 하면서 자신이 이끄는 문장 안에서 are의 주어 역할을 해야 하므로 빈칸에는 주격 관계대명사가 와야 한다. 선행사인 countries는 사람이 아니므로, (d) which가 알맞다.

3회 정답 및 해설

1. 관사와 명사 답 B
아주 많은 사람들이 Kent씨에게 다가와서 어떻게 그렇게 많은 일을 하면서도 멋진 모습을 유지할 수 있는지 물어봤다.

➡ 'a great many+복수명사+복수동사'로 '아주 많은'이라는 뜻으로 쓰인다. 참고로 '많은 위대한 사람'은 'many great people'로 쓴다.

2. 동사 prepare의 용법 문제 답 A
호우에 대해서 시기적절하게 예보받지 못했으므로, 그 나라는 이번 재난에 대해서 준비가 거의 되지 않았다.

➡ prepare는 〈be prepared + to부정사〉와 〈be prepared for + 명사〉로 쓰인다. 예를 들어, '토론할 준비를 하다'고 할 때는 be prepared to discuss 또는 be prepared for the discussion처럼 쓴다. '~에 대해 대처하다'는 cope with로 쓴다는 것도 기억하자.

3. 가정법 생략/도치/혼합가정법 답 C
Karen은 컨설팅 회사에서 면접을 보았다. 만약 그녀가 최종선발이 되었다면, 그녀는 지금 좋은 기분으로 유능한 컨설턴트로 일했을 것이다.

➡ now가 있으므로 혼합가정법이다. 이에 따라 앞에 had p.p가 나왔다고 하더라도, 뒤에 would+have+p.p가 오지 않고, would/could+동사원형이 오게 되는 것이다.

4. to부정사 문제 답 D
조련사의 말에 복종하지 않는 통제 불가능한 사자는 서커스에서 제외되었다. 이는 조련사가 모두의 안전을 고려한 것이다.

➡ refuse는 '앞으로 ~할 것을 거절하다.'라는 뜻이므로 뒤에 to부정사를 목적으로 취한다. 유사한 동사로는 want, hope, expect, decide 등이 있고, 모두 뒤에 to부정사가 연결된다.

5. 주어 동사 일치 문제 답 C
미국의 가족들에 대한 최근의 한 연구에 따르면, 같이 보내는 시간이 줄기 때문에 점점 개인주의적으로 변하고 있다는 것을 알 수 있다.

➡ 주어가 a recent study이므로, 동사는 shows가 적절하다. 또한 빈칸 뒤를 확인해보면, '주어+동사+보어'를 갖춘 완벽한 문장이므로 빈칸에는 접속사 that이 적절하다.

6. 조동사 문제 답 C
파티 당일에 모든 것을 준비하려면 시간이 충분하지 않으므로, 일부 품목은 파티 전날 준비해야 한다.

➡ 문맥상 '반드시 미리 준비해야 한다'라는 의미가 되어야 하므로 당위성을 나타내는 조동사 should가 오는 것이 적절하다. Might는 약한 추측으로 '~일지도 모른다', could는 가능성으로 '~일 수도 있다', would는 '과거에 ~하곤 했다'라는 뜻이므로 답이 될 수 없다.

7. 시제일치 답 C

William은 의사 직업을 포기하기로 결정했다. 그러므로 그는 그의 동료 의사들에게 그가 병원을 떠날 예정이라고 말을 하였다. 그는 뭔가 그를 위한 특별한 일을 원했다.

➡ 이 문제는 전체적인 시제가 '과거'인 것을 확인하면 쉽게 풀 수 있는 문제이다. 의사를 그만두기로 마음먹은 것도 과거, 동료들에게 말한 것도 과거이니, 시제를 일치시키면 된다.

8. 시제 문제 답 B

폭설이 내리기 바로 전에 기온이 아주 심하게 떨어졌다. 폭설로 인해서 우리 마을은 하얀 세상이 되었다.

➡ before 뒤에 과거 시제가 나왔기 때문에, 빈칸에 들어가는 것은 과거 이전 사실을 나타내는 과거완료가 적합하다. 따라서 had dropped가 답이 된다.

9. 답 D

상장 회사가 증권거래소에서 벌어들이는 이익은 두 가지 다른 방식으로 이용될 수 있다.

➡ 빈칸에는 주어인 Profit을 수식하면서 동시에 뒤에 오는 by와 자연스럽게 호응할 수 있는 형태가 필요하다. 이를 만족시키는 동사 형태는 과거분사, 혹은 관계사절이므로 정답은 (d)이다.

10. 가정법 과거완료 시제 답 B

선생들이 좀 더 조심하고 준비를 했더라면, 학생들이 그렇게 나쁜 성적을 받지 않았을 것이기 때문에 선생들에게 부분적인 책임이 있다.

➡ if절에는 'had+p.p' 주절에는 '조동사의 과거형+have+p.p'가 오게 된다.

11. 어순(도치) 문제 답 D

로즈가 대피소에 도착하자마자 섬이 지진으로 흔들렸다.

➡ 부정의 부사가 문두에 오면 주어와 동사가 도치된다. 이때 주어는 조동사와 본동사 사이에 위치한다. 도치 전의 문장은 Rose had hardly arrived이다.

12. 분사 문제 답 C

단테는 자신의 시대에 알려진 많은 사실들을 바탕으로 이 책을 썼는데, 주위 사람들에 대한 사실들을 잘 해석해냈다.

➡ Dante가 주어이고 did가 동사, a very good job 이하가 목적어로 완벽한 문장이므로 빈칸에는 분사의 형태가 적절하다. Dante가 직접 이 책을 쓰는 것이므로 능동태가 되어야 하므로 정답은 (C)이다. to write는 '쓰기 위해서'라는 의미이므로 문맥상 부적절하고, written은 수동의 의미가 되므로 답이 될 수 없다.

13. stop의 용법 답 A

당신이 입으려 했던 셔츠를 빨려고 내놓았을 때, 당신은 멈춰 서서 그것에 대해 생각해보려고 하지 않는다. 그냥 다른 것을 입는다.

➡ [stop + to부정사] 와 [stop + -ing]를 구별하는 문제이다. [stop + to부정사]는 '~하기 위해 멈추다'라는 뜻이고, [stop + -ing]는 '~하던 것을 그만두다'라는 뜻이다. 문맥상 '생각하기 위해서 멈춘다'가 적절하므로 stop to think~가 되어야 한다. 또한 '~에 대해 생각하다'는 think about~ 혹은 think of~라고 한다.

14. 가정법 구문 문제 답 B

그녀는 유명한 삼촌의 편지 덕분에 그렇지 않으

면 그가 만날 수 없었던 많은 유명한 영화배우들을 만날 수 있었다.

➡ otherwise는 여기서 문맥상 if he hadn't had the letter of introduction from his famous uncle의 의미로 쓰이고 있다. 소개장 덕분에 과거에 많은 저명인사들을 만날 수 있었으므로 빈칸에는 가정법 과거완료 시제가 적절하다. 가정법 과거완료의 경우 주절에는 [조동사의 과거형 + have p.p.]로 쓰인다.

15. 가주어, 진주어 문제   답 B

미국으로 오는 불법 이민자를 담으로 막는 것은 불가능하다. 너무 많은 사람들이 담을 넘으려고 해서 담이 무용지물이 된다.

➡ 'It is+형용사+to부정사' 문제이다. 의미상 주어를 덧붙인다면 It is impossible for us to~라고 쓸 수 있다.

16. 복합관계사 문제   답 B

아이들은 자판기에 있는 건 건강에 좋든 나쁘든 다 고를 것이다. 그렇기 때문에 아이들에게 건강한 식품을 고르는 법을 가르치는 것은 중요하다.

➡ -ever가 붙은 형태인 복합관계사는 선행사가 필요 없다. Whenever는 '언제든지', whatever는 '무엇이든지', whichever는 '어느 것이든지', whoever는 '누구든지'라는 뜻이다. Whichever는 2~3개의 선택 가능한 것 중에서 고를 때 쓰는 표현이기 때문에 whatever가 적절하다.

17. 전치사 to와 병렬구조   답 C

Kelly는 중국어로 말은 잘하지만, 읽기와 쓰기에 관해서는 아직도 할 것이 많이 남아 있다. 그러나 그녀는 그것을 부담이 아닌, 동기부여로 생각한다.

➡ when it comes to ~ing 구문이고, and로 연결되어 있기 때문에 같은 형태가 와야 한다. 즉, to -ing and -ing가 되어야 한다. to부정사의 to와 전치사 to는 구별하기 어렵기 때문에 전치사 to가 쓰이는 구문들을 기억할 필요 있다.

18. 비교/수 일치   답 D

그 회사는 대역폭 집약형이 아님에도 불구하고, 몇몇 지역에서는 통화량의 최대 2%를 책임진다.

➡ traffic은 셀 수 없는 명사이므로 much를 써야 하며, percent 앞의 숫자에 상관없이 항상 percent로 쓴다.

19. 동사 형태 문제   답 D

그는 겨우 2살이야. 그 애가 행실을 나쁘게 한다고 탓할 수 없어. 내 생각에 그렇게 어린 애한테 너무 많이 기대하는 것은 좋지 않다.

➡ 전치사 뒤에 동명사가 와야 하고, '나쁘게 행동하다'라는 뜻이므로, behave를 수식해 주는 부사 badly가 오는 것이 적절하다.

20. so의 용법 문제   답 C

가격이 너무 더디게 상승해서 차용인들에게는 이익을 보고 팔아서 빚을 갚는 것보다 차압을 당하는 것이 더 쉬웠다.

➡ so 뒤에는 형용사나 부사가 오고, such 뒤에는 명사가 온다. 빈칸 뒤에 부사 slowly가 있으므로, 'so~that' 구문이 알맞다.

21. 가정법 관련 문제   답 D

비록 케이트가 보통 착한 딸이었지만, 그녀는 가끔 부모님의 말에 복종하지 않았다. 만약 그녀가 존중과 수용하는 태도를 보였더라면, 그들과 더 평화롭게 살았을 것이다.

➡ 과거사실에 대한 가정을 전제로 하기 때문에 가정법 과거완료를 사용하는 것이 맞다. If 가정법 과거완료는 if 주어+had+p.p, 주어+조동사의 과거+have+p.p의 형태가 된다.

22. 동사의 수와 시제   답 A

한 보고서에 따르면 전 세계의 모든 컴퓨터에 저장되어 있는 모든 정보의 약 80%가 영어로 되어 있다고 한다. 이는 영어가 우리 사회에 미치는 영향이 실로 크다는 것을 의미한다.

➡ '수량표현+명사'의 경우, 명사의 수가 동사의 형태를 결정한다. All the information이 단수이기 때문에 (b)와 (d)는 답이 될 수 없다. be동사는 단독으로 -ing 꼴로 쓸 수 없으므로, 시제는 진행이 아닌 현재형으로 써야 한다.

23. 시제 문제   답 C

일부 초기 인류 정착지들은 메소포타미아 습지의 일정치 않은 갈대 섬들 위에 지어졌다.

➡ 인류 초기 정착지에 대한 논의이므로 과거로 표현해야 하며, 단순과거 형태로 쓰인 (c)가 정답이다.

24. 동사와 분사 문제   답 D

식민지 메릴랜드 주의 사법체계는 그 지역의 필요에 맞도록 적용되던 영국의 선례를 바탕으로 했다.

➡ 이 문장의 주어는 The judicial system of colonial Maryland이고 빈칸이 동사 부분이 된다. 빈칸 뒤의 adapted는 which were가 생략된 분사이므로 혼동하지 않도록 조심하자.

25. determine의 용법   답 B

Patty Schnyder는 호주 여자 하드코트 테니스 타이틀을 방어하려고 마음먹고 하루 10시간 연습을 했다.

➡ determine은 타동사로 쓰여서 '~에 대한 정확한 사실을 밝혀내다, 결정하다, ~에 대해 지대한 영향을 미치다.'라는 뜻을 나타낸다. '~을 결심하다'라는 뜻으로 쓰이기도 하는데, 이 경우 격식적 표현이 되므로 일반적으로는 형용사 determine를 써서 'be determined to+동사원형'의 형태로 많이 사용된다.

26. 동명사 문제   답 B

개인 경험의 세부적인 내용을 기억하는 것은 인간관계를 관리하고 조절하는 데 중요하다. 만약 우리가 뭔가 중요한 일을 잊어버리면 난처한 상황에 빠질 수 있다.

➡ 개인 경험의 세부 내용을 '기억하는 것'이 중요하다는 문장이므로, 빈칸에는 주어가 들어가며, '기억하다'라는 동사를 명사화한 remembering이 맞다.

1. 관사와 명사   답 A

Jack은 지난 5년간 중국어를 공부해 왔지만, 아직도 문법에 어려움을 느낀다. 그는 중국어를 하는 것이 어렵다고 결론 내렸다.

➡ 'have trouble with+명사'는 '~에 어려움을 겪다'는 뜻으로 trouble 앞에 관사를 붙이지 않는다. Have trouble -ing를 쓰기도 한다. 예를 들어, 'I had trouble studying grammar'와 같이 사용한다.

2. 태와 동사   답 A

불편한 점이 있으면 주저하지 마시고 저나 탑승하고 있는 블루 애로우 직원들에게 문의해 주십시오.

➡ 앞으로 할 것을 주저하는 것이므로 'hesitate to부정사'가 적절하고, 직접 물어보는 것이므로 수동태는 적절하지 않다.

3. 어순 문제   답 D

그 밴드는 드럼 연주자가 콘서트 전에 팔이 부러지자 궁지에 빠졌다.

➡ 〈quite+관사+명사〉의 순서로 쓰이므로 quite the dilemma가 적절하다. Quite 외에 what, such도 what a day(정말 힘든 날이야), such a feeling(그런 느낌)처럼 〈관사+명사〉 순서로 쓰인다.

4. 주어와 동사 일치 문제   답 B

최근에 발표된 조사 결과에 따르면, 결혼한 사람 3쌍 중 1쌍꼴로 이혼한다고 한다. 1990년대와 비교하면, 이혼 비율이 아주 많이 높아졌다.

➡ One in every three marriages가 주어인데, one 뒤에 오는 in every three marriages는 전치사구로 one을 수식해주고 있다. 주어가 one으로 3인칭 단수이므로, 동사도 ends로 일치시켜 줘야 한다.

5. find+목적어+목적보어 문제   답 C

아파트 위층에서 나는 소란한 소리 때문에 화난 남자가 창밖으로 몸을 내밀었다가 떨어지고 있는 이웃 사람을 잡게 되었다.

➡ 목적보어로는 명사나 형용사 또는 분사가 올 수 있다. 직접 이웃 사람을 잡았으므로 현재분사 형태가 적절하다.

6. 조동사 문제   답 B

대통령은 논쟁의 여지가 있지만, 잠재적으로 인명을 살리는 연구에 아마도 자금을 대주었을 수도 있는 법안을 거부하였다.

➡ 대통령이 법안을 거부하지 않았더라면 그 법안으로 인해 아마도 연구에 자금이 지원되었을 것이다. 그러나 이미 대통령은 법안을 거부했고, 이 추측은 과거의 사실에 반대되는 가정이 된다. 이렇게 과거의 일에 대해 '~했을지도 모른다'라는 의미로는 'might+have+p.p'를 사용한다.

7. to부정사 문제   답 B

신체 조건이 좋고, 긴급 화재 사태에 참여하고자 하는 욕구가 있는 사람은 소방서에 지원해야 한다.

➡ desire는 '앞으로 ~할 것에 대한 바람'을 나타내므로 그 뒤에 to부정사가 오는 것이 적절하다. 참고로 동사 desire 뒤에 to부정사가 오듯이 명사 desire 뒤에도 to부정사 따라온다.

8. 시제 문제 답 C

헨리가 이 메시지를 받을 때쯤이면 제인은 이미 결혼하기 위해서 예배당으로 떠났을 겁니다.

➡ 전형적인 미래완료 형태의 문장. 앞 문장은 사실 By the time Henry will get this message로 미래를 의미하지만, 시간부사절이라 현재형을 쓴 것이다. 미래의 어느 때까지 완료되는 행위를 나타내므로 뒤 문장에는 미래완료가 와야 한다.

9. 시제/수 일치 답 D

미국 35대 대통령인 존 F 케네디는 1963년 11월 22일 암살되었다. 이 사건은 아직도 전 세계 많은 사람들에게 논쟁거리가 된다.

➡ 주어는 John F. Kennedy이고 콤마(,) 뒤에 동격을 나타내는 the thirty-fifth President of the United States가 연결되어 있다. 따라서 단수 주어이고, November 22, 1963으로 과거의 시점을 나타내므로 과거 시제가 적절하다.

10. 시제 관련 문제 답 D

현재 경제학 교수들은 좀 심각한 문제에 직면해 있다. 그들은 현재 발생한 경제불황에 대한 해결책을 제시할 것을 요구받는다. 그래서 그들은 지금 대응방안에 대해 토의하는 중이다.

➡ 시제 관련된 문제이다. 이 문제에서는 전반적인 시제가 현재이기 때문에, 일단은 현재 시제를 골라야 하고, now가 보기 안에 들어가 있기 때문에 현재진행시제가 적합하다.

11. 동사의 형태 문제 답 C

고령화 사회란 적은 노동인력들이 많은 퇴직자들을 부양하고, 연금과 건강비용은 증가하는 것을 의미한다.

➡ 부대상황을 나타내주는 'with+목적어+분사'의 형태에서 rise는 타동사로 쓰이기 때문에, 수동태를 쓸 수 없고, '비용이 증가하다'라는 뜻이기 때문에 rising이 오는 것이 적절하다.

12. 분사 문제 답 D

자사는 이제까지 한국에서 대규모 자동차 취급업자로서 호평받아왔으므로, 귀사가 저희를 판매대리점으로 이용해 주시기 바랍니다.

➡ 의미상 '과거부터 지금까지' 좋은 평판을 얻고 있으므로 완료시제가 적절하고 좋은 논평을 '받는 것'이므로 수동태가 적절하다. 따라서 Having been requted가 된다.

13. 태/ 가정법 현재 문제 답 A

은연어들의 이들 강에 대한 이용도를 입증하기 위해 더 많은 데이터 수집이 권고되었다.

➡ 동사 recommend의 경우 가정법 시제로 그 뒤에 [that+주어+(should)+동사원형]이 와야 하고, 데이터는 수집되는 것이므로 수동태가 되어야 한다. 따라서 be collected가 알맞다.

14. 가정법 과거완료 문제 답 A

그 건물에 시민이 있다는 것을 알았더라면 공격하지 않았을 것이다.

➡ If the information had indicated that에서 If가 생략이 되고 주어와 동사가 도치된 형태이다. 정보가 that 이하의 사실을 '나타냈더라면'의 의미로 과거 사실에 대해 가정하고 있으므로 가정법 과거완료가 적절하다. If the information indicated는

가정법 과거로 현재 사실에 대한 가정이므로 (b)는 답이 될 수 없다.

15. 분사구문　　답 B

Kate는 어린 시절부터 정글에서 자라서 모든 면에서 위험을 추구하는 사람이다.

➡ Kate는 과거에 키워진 것이므로 수동태와 완료 시제가 적절하다. 따라서 Having been brought up에서 Having been이 생략된 brought up이 적절하다.

16. 가정법에 관한 문제　　답 C

나는 많은 일들이 우리의 노력에 달려있다고 생각한다. 예를 들어, 만약 사람들이 열심히 일을 한다면, 그들은 그들을 행복하게 해줄 만족스러운 결과를 얻을 것이다.

➡ 이 문제는 가정법에 관해서 묻는 문제이다. 주절에 could+동사원형이 왔으니, 앞의 if절에는 동사의 과거형이 와야 한다.

17. recommend 관련 문제　　답 A

문제는 언어에 있는 것이 아니라 삶의 방식에 있다. 우리는 훈련체계가 그들 사이의 관계를 향상시키는 것을 권한다.

➡ recommend 등의 동사가 나왔을 때 'that+주어+(should)+동사원형'을 구별해야 하는 문제이다. 위의 문제에는 하나의 문장에 하나의 본동사가 있어야 한다는 원칙아래 본동사의 성격을 없애는 것이 중요하다. 그렇기에 동명사로서 본동사의 성격을 없애는 것이 맞다.

18. 도치 구문 문제　　답 D

19세기 말이 되어서야 비로소 비글이 미국에 소개되었다. 그때 이래로 많은 사람들에 의해서 환영받고 있다.

➡ only로 시작하는 부사구나 부사절 뒤에는 동사+주어 순으로 도치가 된다. Introduce 동사는 introduce A to b로 쓰이는데, 여기서는 문맥상 비글이 미국에 소개된 것이므로, 수동태가 되어 be introduced to~가 와야 한다.

19. 전치사 문제　　답 A

지구 표면 가까이에서 대기압은 고도가 높아짐에 따라 급격하게 줄어든다.

➡ 명사 앞에 전치사가 와야 하므로 (a) Near이 적절하다. Near는 close to~, nearby to~로 쓰일 수 있으므로 함께 알아둘 필요가 있다. Nearly는 '거의'라는 뜻의 부사이다.

20. 관계사 문제　　답 D

자녀 양육은 어떤 수준에서든 비용이 많이 들지만, 입양은 맨 처음에 돈이 많이 드는 특별 목록이 있어서 매우 도전적일 수 있다.

➡ 선행사가 costs이므로 관계대명사 which 혹은 that이 적절하다. (a) as는 유사관계대명사로 You have the same watch as I do처럼 선행사에 the same이나 as 등이 올 때 사용 가능하다.

21. 어순/병치 문제　　답 C

3인치 크기의 필로노투스 레지우스 달팽이는 껍데기에 구멍을 내어 살을 빨아들이는 방법으로 굴과 조개를 먹습니다.

➡ 의미상 '껍데기에 구멍을 내어 살을 빨아들이는 방법을 통해 굴과 조개를 먹는다'는 의미가 되어야 하므로 접속사 and로 drilling into their shells와 빈칸이 연결된 구조임을 알 수 있다.

22. 관계대명사 답 B

사람들은 자신의 능력이나 가치에 대한 생각에 근거하여 그들에게 무슨 일이 일어날지 예측한다.

➡ 빈칸에는 주어 역할을 할 수 있는 관계대명사가 필요하다. 그래서 what이나 that이 답이 될 수 있다. What은 선행사가 없을 때 쓸 수 있는 관계대명사이다. 위 문장의 경우 선행사는 predictions로 선행사와 관계사가 떨어져 있으므로 조심해야 한다.

23. 형용사/부사와 분사 답 D

온실효과는 지구의 표면과 대기가 따뜻해지도록 하는 자연스러운 과정이다. 그러나 우리는 그 효과를 줄여야 한다.

➡ occur는 자동사로 수동태로 사용할 수 없고, 또한 문맥상으로 보면 직접 벌어지고 있는 과정이므로 빈칸에는 능동의 의미인 occurring process가 적절하다. 그리고 명사는 형용사가 수식하지만, 분사는 부사가 수식하므로 occurring 앞에는 naturally가 적절하다.

24. 최상급/부사 문제 답 C

모든 농구 선수 중에서 경기를 가장 실력 있게 한 사람은 코너였다. 그래서 경기중에 그를 응원하는 팬들이 있다.

➡ of all the basketball players로 여러 명이 있으므로 최상급이 오는 것이 적절하다. 또한 played the game을 꾸며 주는 부사가 들어가야 하는데, 부사의 최상급 앞에는 관사 the를 쓰지 않는다.

25. 조건절 문제 답 A

Dan은 대학에서 교수직을 위한 인터뷰를 방금 마쳤다. 만약 그가 선택된다면, 그 명성이 있는 위원회의 일원이 될 것이다.

➡ 조건절에서 '동일주어+be'인 경우 생략할 수가 있다. 따라서 그 뒤의 분사의 선택문제로서 수동태의 의미를 가지기 때문에 과거분사를 선택해야 한다.

26. 접속사 문제 답 C

군을 떠난 이래로, 빌과 그의 아내는 민간 직업을 구하지 못했다. 그래서 그들은 도시 생활에서 어려움을 겪어왔다.

➡ 현재완료와 잘 어울리는 접속사가 필요하며, 군을 떠나는 것과 민간 직업을 구하지 못하는 것 사이에는 인과관계가 없으므로 Since가 오는 것이 가장 적절하다.

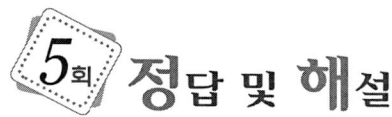
정답 및 해설

1. 어순 문제   답 D
산호초는 우주에서도 쉽게 알아볼 수 있을 만큼 충분히 길게, 수백 킬로미터에 걸쳐 펼쳐질 수 있다.
➡ enough는 형용사나 부사를 수식할 때는 후치 수식을 하게 되며 그 뒤에 '정도'를 설명하기 위해 to부정사를 함께 사용하여 '~하기에/~할 만큼'이라는 뜻을 나타낸다.

2. 동사의 형태   답 B
메이플 그로브는 전 지역 금연을 위해 투표하지만, 상업 지구에 흡연금지가 미치게 될 영향에 대한 우려는 여전히 남아있다.
➡ continue 동사의 경우, 그 뒤에 to부정사 혹은 동명사를 목적어로 취할 수 있으므로, 빈칸에는 to linger 또는 lingering이 오는 것이 적절하다.

3. '태'와 관련된 문제   답 B
바그람 공군 기지의 의사들은 한 아프가니스탄 군인의 머리에 폭발하지 않은 포탄이 박혀있는 것을 발견하고는 크게 놀랐으며, 그 포탄은 후에 수술을 통해 제거되었다.
➡ 이런 문제를 잘 풀기 위해선 수동태/능동태 문제로 많이 나오는 동사들의 뜻을 명확히 알아야 한다. Stun의 의미는 '기절시키다'이지, '기절하다'가 아니다. 따라서 의사들이 놀란 대상이라면 수동태, 의사들이 어떤 대상을 놀라게 했다면 능동태를 써야 할 것이다.

4. 주어 동사 일치와 '태' 문제   답 D
좋은 소식은 그 지역의 많은 국가들이 눈앞에 닥친 인구 변화의 영향을 완화시키기 위한 조치를 취할 것을 고려 중이라는 것이다.
➡ 주어는 a number of countries로 복수이고, 직접 measures를 고려하고 있으므로, 능동태가 되어 have begun considering이 적절하다. 참고로 begin 동사는 to부정사와 동명사 모두 목적어로 쓸 수 있다.

5. regret의 용법   답 B
이번에는 귀하의 지원을 받아들일 수 없다는 것을 알리게 되어 유감입니다. 다음 기회에 다시 한번 지원해주시기 바랍니다.
➡ 과거에 '~했던 것을 후회하다'라는 뜻이 되면 I regret telling him a lie(나는 그에게 거짓말을 했던 것을 후회한다)처럼 'regret -ing'가 되고, 앞으로 '~하게 되어 유감이다'가 되면 'regret+to부정사'가 적절하다.

6. 시제 및 진행형 문제   답 C
그녀의 남자친구를 기다리면서 제인은 새로 생긴 영화관을 둘러보기로 했다. 그가 도착했을 때 그녀는 여전히 구경 중이었다.
➡ 두 개의 동작이 한 문장에서 나열될 때, 짧은 시간의 동작은 단순시제로, 긴 시간의 동작은 진행형으로 사용한다. When절은 짧은 시간의 동작으로 과거시제 arrived가 쓰였기에, 주절에는 긴 시간의 동작을 나타내는 과거진행시제가 오는 것이 맞다.

7. 과거완료진행 문제 답 D

네팔에서 일어난 강도 7.8의 지진은 많은 사상자를 발생시켰다. 불행하게도 이번 재앙으로 많은 사람들이 죽었다. 이러한 지진이 일어날 것을 예상하지 못해서 충분한 준비를 하지 못했다.

➡ 지진의 발생에 대비하지 못한 것은 과거 시점이며, 그 이전부터 예측하지 못해온 것을 알 수 있다. 대과거부터 과거진행시제를 나타내는 과거완료진행시제가 오는 것이 옳다.

8. 미래 완료 문제 답 B

윌슨은 독일 미술 무대에서의 10년 공헌을 기리는 차원에서 또 다른 대규모의 개인전을 열 것이다. 7살에 그림을 그리기 시작한 그는, 내년이 되면 10년 이상 그림을 그린 것이 된다.

➡ by next year를 통해서 미래시제, for over 10 years를 통해 완료시제인 것을 알 수 있다. 미래완료시제만 사용해도 되지만, 내년에도 그림을 그리고 있을 것을 알 수 있기에 미래완료진행시제가 오는 것이 적절하다고 생각된다.

9. 명사와 관사 답 C

그 회사는 작년에 극복해야 했던 일련의 기술적인 문제에 직면했다.

➡ a range of는 '일련의, 많은'이라는 뜻이므로 그 뒤에 복수명사가 와야 한다. 따라서 a range of technial problems가 적절하다. a variety of problems, a series of problems, a majority of problems 등과 같은 형태로 쓰이므로 기억해 두자.

10. urge의 용법 답 A

어떤 사람들은 일반 에너지 드링크보다 덜 해로운 대안으로 소비자들에게 카페인 없는 에너지 드링크를 알려야 한다고 주장한다.

➡ urge는 '촉구(주장)하다'의 뜻으로 'that+주어+(should)+동사원형'으로 쓰인다. 또, 문맥상 카페인 없는 에너지 드링크가 소비자들에게 알려지는 것이므로 수동태가 적절하다.

11. to부정사 문제 답 A

글로벌 혁신 관리에 대한 윌슨 교수의 강의는 이해하기 쉬웠다. 그래서 그의 강의는 국제경영 전공 학생들에게 인기 있다.

➡ 주어가 Professor Willson's lecture이므로 '이해되어지기 쉬웠다'라고 착각해서 (b)를 답으로 고르지 않도록 조심한다. Easy, difficult, hard 등의 형용사 뒤에 to부정사가 오게 되면 '~하기 쉬운(어려운)'의 의미가 된다. 따라서 능동태인 (a)를 답으로 골라야 한다.

12. 주어의 형태 문제 답 A

대용량 데이터 저장을 위해 컴퓨터에서 사용되는 하드드라이브의 가격이 수년간 급격히 인하되고 있다.

➡ 빈칸이 주어이고 동사는 has been failing이 된다. 중간에 있는 used ~ quantities는 관계사절 which are used ~ quantities에서 which are가 생략된 채로 주어를 수식하고 있다. 문맥상 하드 드라이브의 가격이 떨어지고 있다는 뜻이므로 빈칸에는 The cost of hard drives가 적절하다.

13. 동명사 문제 답 B

특별한 경험을 기록하는 것은 행복한 순간을 기억하는 데 중요하다. 만약 우리가 뭔가 중요한 일을 잊어버리면 미래에 후회할 수 있다.

➡ 특별한 경험의 세부 내용을 '기록하는 것'이 중요

하다는 문장이므로, 빈칸에는 주어가 들어가며, '기록하다'라는 동사를 명사화한 'taking notes of'가 맞다.

14. since의 용법   답 D
미국과 중국 사이의 논쟁은 2014년 이래로 백악관이 그 협상을 재개하려는 것을 혼란스럽게 했다.

➡ since가 전치사로 쓰일 경우에는 주절은 현재완료형이 와야 한다.

15. 분사구문 문제   답 D
버스편이 없어서 그들은 집까지 내내 걸어가야 했다. 밖이 추웠기 때문에 집에 걸어가야 한다는 사실은 그들을 슬프게 했다.

➡ 빈칸에는 분사구문이 와야 하는데, 버스 편이 없다는 사실은 주절의 주어와 무관한 사항이기 때문에, 의미상의 주어를 덧붙여야 한다. 분사구문으로 바꾸기 전의 문장에서 접속사 다음에 there가 오는 경우, there가 의미상의 주어로서 분사구문 앞에 그대로 놓인다.

16. 준동사 문제   답 C
어떤 결정에 대해 후회할 수도 있다고 예상되면 신중하게 결정하게 된다. 몇몇 결정은 예상치 못한 큰 효과를 가져온다.

➡ 빈칸부터 a decision까지가 문장 전체의 주어 역할을 하고 있기 때문에, 빈칸에는 명사 역할을 할 수 있으면서도 that 이하의 목적절을 이끌어 줄 수 있는 동명사가 필요하다.

17. 어순 문제   답 B
무슨 일이 있어도 16살 딸이 담배 피우는 것을 허락해서는 안 된다. 너는 딸에게 담배 피우는 것이 해롭다는 것을 알게 해야 한다.

➡ '부정어+동사+주어'로 도치가 되므로 should you give가 적절하다. 도치를 할 때 조동사와 be동사는 Never had I know it~처럼 앞으로 보내면 되고, 일반 동사는 do동사의 도움을 받아서 Never did I know it~처럼 사용한다.

18. 전치사 문제   답 A
당신의 현재 회사는 당신이 군 복무에서 돌아올 때까지 당신의 현 직위 또는 그와 동등한 직위와 봉급을 유지해야 할 의무가 있다.

➡ of는 명사와 함께 형용사구를 이루어 '~의, ~한'이라는 뜻으로 쓰이므로 '같은 직위와 봉급'은 of equal status and pay로 of가 답이다.

19. 가정법 문제   답 B
웹메일 계정에 대해 문제가 있다면 아래의 세부 정보를 이용해 연락을 주십시오. 연락하는 것을 망설이지 마세요.

➡ 문맥상 가정법 구문이 되는데, contact us~라고 했으므로 If you have~ 혹은 If you should have 등이 적절하다. 후자의 경우 If를 생략하고 도치하여 Should you have~처럼 쓸 수 있다.

20. 관계사 문제   답 D
한 여성이 1월 7일 서른 번째 생일 파티에서 결혼생활 동안 매일 둘렀던 앞치마를 벗을 것이다.

➡ 빈칸 뒤에 주어인 she가 나오고, 바로 뒤에 동사인 will take off와 목적어인 an apron이 나온 3형식의 완벽한 문장이므로 빈칸에는 관계부사가 적합하다.

21. 부사 문제   답 C
영국-일본의 관계에 대한 학회에 참석했던 대부분의 사람들은 야마모토 사토 씨가 행사의 진행자로 적격이라고 생각했다.

➡ '적격'의 뜻을 나타내어 '이상적으로 잘 맞는'이라는 표현이 들어가는 것이 맞다. 따라서 빈칸에는 '잘 맞는'이라는 뜻의 형용사 suited를 수식할 '이상적으로'라는 뜻의 부사 ideally가 적절하다.

22. 병렬구조 문제   답 D

가죽 소파를 깨끗하게 유지하고, 적당한 컨디셔너로 정기적으로 닦아주면 수명을 늘릴 수 있다. 잘 관리하면 오래 쓸 수 있다.

➡ 단어와 단어, 구와 구, 절과 절을 대등하게 연결시켜 주는 대등 접속사 and로 연결된 문장이다. And 앞에 Keeping your leather sofa cleaned에서 cleaned라는 과거분사가 나왔으므로, 이와 일치하는 fed가 정답이 된다.

23. 관계대명사 문제   답 D

이런 종류의 충격을 겪는 십 대들은 환상에서 실제인 것을 구별하는 데에 약간의 어려움을 느낄 것이다.

➡ '환상에서 실제인 것을 구별하는 데에 어려움이 있다'는 뜻으로 선행사가 없으므로 관계대명사 what이 적절하다. Which와 that은 선행사가 있을 때 사용하는 관계대명사이다.

24. 어순 문제   답 B

많은 전통적인 부모들은 얼마나 아이들을 잘 통제할 수 있느냐로 자녀 양육의 성패를 판단한다. 그러나 많은 사람들이 그들의 의견에 동의하지 않는다.

➡ 주어진 문장 구조는 'they(주어)+control(동사)+them(목적어)'이므로 빈칸에는 부사 well이 적절하다. 빈칸은 간접의문문이므로 how well 뒤에는 주어+동사 순서로 연결된다.

25. 시제 문제   답 D

내 친구 Bret은 파리로의 계획된 여행에 대해 아무 말도 하지 않았다. 당연히 그는 그가 공항으로 갈 때 우리에게 전화를 해서 그의 여행에 대해 말하기로 결심했다.

➡ when과 과거시제의 경우에는 원칙적으로 과거에 있었던 구체적인 상황에 대해서 묘사하는 것을 나타낸다. 이번 문제에서는 공항으로 운전을 하는 중에 전화를 한 것이니까 과거 진행으로 쓰는 것이 맞다.

26. 시제/수 일치   답 C

록펠러가 생전에 자선 단체에 기부한 돈의 대부분은 교육기관과 과학적 연구에 쓰일 목적이었다.

➡ when he was alive가 과거 시제이므로, 시제 일치에 의해서 동사는 과거 시제여야 한다. 그러므로 (c)가 오는 것이 적절하다.

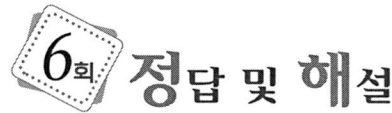
정답 및 해설

1. '태'와 관련된 문제   답 C
아프리카를 위한 음악 TV 채널 방송 개시가 MTV에 의해 내달 시작될 것이다. 아마 많은 사람들이 이에 대해 기쁘게 생각할 것이다.
➡ 다음 달에 시작할 것이므로 미래의 의미를 나타내는 'be to부정사' 용법이 적절하다. Take place는 '벌어지다'라는 뜻으로 수동태로 착각하기 쉽지만, 항상 능동태로 쓰인다.

2. 주어 동사 일치 문제   답 C
영화 개봉에 맞춰 출간된 본 개정판에는 작가의 딸이 쓴 증보된 논평이 실려 있다.
➡ 글의 주어가 무엇인지 파악하여 뒤따르는 동사의 수를 일치시키는 문제이다. 수식어들이 많지만, 주어는 the new edition이므로 여기에 맞춰 단수형의 includes가 적절하다.

3. 동사문제   답 A
외국환과 관련된 문제에 대처하기 위한 귀사의 지불연기 요청에 응할 수 없었음을 유감으로 생각합니다.
➡ '~했던 것을 후회한다'는 [regret + -ing] 혹은 [regret having + p.p.]로 나타낼 수 있다. 동명사의 부정은 동명사 바로 앞에 not을 쓰므로 (a) not having이 적절하다. 참고로 '(앞으로) 하게 되어서 유감이다'는 I regret to inform you that~처럼 쓴다.

4. 동사의 형태 문제   답 D
자선 기관은 그들의 능력을 보여주는 사물들을 전략적으로 배치한 상징적인 12가지의 창조물들이 등장하는 달력을 만들 것이다.
➡ 주어가 the charity organization이고, 동사가 is making으로 주어와 동사를 다 갖췄다. 빈칸은 바로 앞에 나오는 명사인 objects를 수식해야 하므로, 분사 형태가 적절하다. Objects가 스스로 가리는 것이니 능동형이 적합하다.

5. 시제와 태 문제   답 B
금요일 반도의 중부 지방을 강타한 폭우에 의해 산사태가 일어나 거의 50명의 군 병력이 목숨을 잃었다.
➡ personnel은 단수와 복수형이 같은 명사이고, '50명'이므로 여기서는 복수형으로 쓰이고 있다. 금요일이라는 명백한 과거를 나타내는 시제가 나왔으므로 과거시제가 적절하고, 사람들이 사고사를 당한 것이므로 수동태가 적절하다.

6. 태 문제   답 B
경영진은 한국인 중역 3명과 사장을 포함한 미국인 중역 5명으로 구성될 것입니다.
➡ consist는 자동사이므로 뒤에 바로 목적어를 취할 수 없다. 또 consist of는 '~로 구성되다' 뜻으로 우리말로는 '~되다'이기 때문에 수동태로 착각하기 쉽다. 원래 의미가 '~로 구성되다'로 반드시 능동태를 사용함을 꼭 기억해두자.

7. 동사형태 문제 답 D
맛은 차를 혼합시키는 것에서부터 바닐라나 오렌지 같은 향을 첨가하는 것 등을 통해 변화한다.
➡ from A to B 구문에서 to는 전치사이므로 그 위에는 동명사가 와야 한다. 따라서 빈칸에는 (d) to adding이 적절하다.

8. 주어동사일치 및 동사 enable 답 D
옮겨진 기생충은 인간 면역체계의 정상적인 방어를 피할 수 있는 변화를 한다.
➡ 관계대명사의 수는 선행사에 의해 결정되며 enable은 [목적어+to부정사]를 취한다.

9. 태와 시제 문제 답 B
열대 삼림은 적도에 가까이에 위치하는데, 거기서는 높은 온도와 풍부한 강수가 일 년 내내 발생한다.
➡ occur는 자동사라서 수동태로 쓸 수 없다. 주어는 both A and B로 복수 취급을 하므로 occur 외에도 evolve, collapse, appear, disappear, seem, happen, rise, exist 등의 동사들은 자동사이므로 수동태를 쓸 수 없다는 것을 기억해두자.

10. 시제/수일치 답 B
그 예술가가 수집한 재료들이 멋진 작품으로 만들어져서 사람들의 주목을 받았다.
➡ the artist collected가 앞에 있는 The scraps of materials를 수식하고, The scraps가 주어이므로 동사는 복수형이어야 한다. Attracted people's attention의 시점은 과거이고, 문맥상 수집한 재료들이 작품으로 만들어진 후 주목을 끄는 것이므로 빈칸에는 과거 시제가 적절하다.

11. 시제 문제 답 B
컴퓨터가 유해 바이러스의 침투를 받았다고 생각되면 우선 시스템을 꺼라. 그렇지 않으면 너는 문제에 처할 수 있을 것이다.
➡ 문맥상 '간섭받았다고 여겨지는 경우'라는 뜻이기 때문에 현재완료 또는 과거시제가 와야 한다. 그렇기 때문에 답은 (B)가 되게 된다.

12. 어순 문제 답 C
중세시대에 유년기는 인생에서 구별된 단계로 인식되지 않았다. 그러나 시간이 감에 따라 학계에서의 인식이 바뀌었다.
➡ was not 뒤에 과거분사 recognized가 와야 하고, 문맥상 '인생이 구별되는 단계'가 되어야 하기 때문에, a separate stage of life가 하나의 덩어리임을 알 수 있다.

13. 분사 문제 답 D
자선기관인 캣캔두는 교묘하게 물건을 배치해 성기 부위를 가린 12명의 벌거벗은 사람들이 등장하는 달력을 만들 것이다.
➡ 주어가 The KatCanDod고 동사가 is making으로 주어와 동사를 갖춘 완벽한 문장이다. 빈칸은 바로 앞에 나오는 명사인 objects를 수식해야 하므로 분사 형태가 적절하다. Objects가 스스로 가리므로 빈칸에는 능동태인 covering이 적절하다.

14. 어순/전치사 답 C
Paul은 모든 계획을 나에게 설명해 줄만큼 인내심이 있었다. 내가 질문을 많이 해서 미안했다.
➡ 동사 explain이나 suggest 다음의 '~에게'는 'to+목적어'로 쓴다. 즉, explain the whole plan to me 혹은 explain to me the whole plan처럼 사용하는 것을 기억할 필요가 있다.

15. 조동사 문제   답 C

전적으로 확신하는 것은 아니지만, 나는 내 친구가 나보다 우리의 새 사업을 더 잘 운영할 것이라는 불길한 생각이 들었다. 그러나 겸손한 그 친구는 아니라고 말했다.

➡ 확신이 아니라 that절 이하를 의심하는 것이므로 빈칸에는 추측과 가능의 조동사인 might, could, would 등이 오는 것이 맞다.

16. appreciate의 용법   답 B

고무장화의 목록을 보내주시고, 지불 조건과 함께 가능한 최대한의 할인액을 알려주시면 감사하겠습니다.

➡ appreciate는 타동사로 그 뒤에 동명사를 목적어로 취할 수 있다. 동명사의 의미상 주어는 소유격을 쓰는데 소유격 대신 목적격도 가능하다. 따라서 appreciate your sending us나 appreciate you sending us가 적절하다.

17. 관계대명사 문제   답 B

확신하는데 네가 관심있어 할 이 책을 잠시 봐봐. 만약 그렇지 않으면, 내가 커피 사줄게.

➡ 빈칸 앞에 쉼표가 있으므로 관계대명사 that은 쓸 수 없다. 선행사가 사물인 this book이므로 which를 쓰며 I am sure은 '내가 확신컨대'라는 의미를 넣기 위해 삽입된 것이다.

18. 어순/관계대명사   답 C

외교적 수완은 앨리스가 특별히 좋아하는 것이 아니지만, 그녀는 그 일에 뛰어나고 팀에서는 그 일을 해줄 누군가를 필요로 한다.

➡ 어순 및 목적격 관계대명사 생략에 대한 문제이다. Is 뒤에는 보어의 역할을 하는 not something이 와야 하고, 그 뒤에 목적격 관계대명사(that)이 생략되어 있다. that절이 she particularly enjoys처럼 '주어+부사+동사'로 연결된 (C)가 적절하다.

19. 전치사 문제   답 A

한국 전쟁에 관한 이 에세이를 쓰면서 나는 우리나라의 역사를 더 잘 이해하게 되었다.

➡ In 다음에 ing가 이어지면 '~할 때, ~하는 데 있어서'의 뜻이고, (b)On 뒤에 -ing가 이어지면 '~하자마자'라는 뜻을 나타낸다. 에세이를 쓰는 과정에서 역사를 더 잘 이해하게 되었다는 의미이므로 (a)가 적절하다.

20. 부사 문제   답 B

새롭게 출시된 수면 보조제 Lunesta는 임상실험에서 최고 7시간에서 8시간의 수면을 제공하는 것으로 입증된다.

➡ 빈칸에 알맞은 품사는 과거분사 proven을 수식하는 부사이다. 따라서 정답은 (B)가 된다.

21. 분사구문   답 A

한때 회색의 인공 콘크리트 제방에 둘러싸였던 강은 이제 대신 야생화와 덩굴식물로 아름다워졌다.

➡ '한때 ~했었다'라는 뜻의 문장을 만들어주는 단어를 찾으면 된다. 강은 제방에 '둘러싸여 있었던 것'이므로 수동의 뜻을 표현하는 과거분사를 사용해야 한다. 또한 주절의 시제가 현재완료형이므로 분사 구문의 시제는 그와 같거나 앞선 시제가 쓰이면 된다.

22. 한정사 문제   답 C

지난주 락어웨이 쇼핑몰에서의 공격에 이어, 브라운타운 중학교를 겨냥한 또 다른 폭력 위협이 일요일에 밝혀졌다.

➡ 막연히 '또 다른 것'이라는 의미로 another가 한정사로 쓰인 문제이다. The other는 수가 정해져 있을 경우에 마지막 남은 것을 지칭할 때 쓰인다.

23. 대명사 문제   답 D

그 직물 회사는 이윤을 내고 있었으며, 전문가들은 그 회사가 지방 정부의 보조금 없이도 살아남을 것으로 예상했다.

➡ the textile company를 받을 대명사가 필요한 자리이므로 단수 대명사가 쓰여야 한다. 특별히 강조하지 않고, 앞에 언급한 명사를 대신하는 데에는 that보다 it이 적절하다.

24. 접속사 문제   답 B

많은 고대 문화에서는 꿈을 일종의 계시로 삼았지만, 현대에는 그러한 관습이 그리 흔하지 않다.

➡ 두 개의 절이 이어진 문장인데, 내용을 보면 앞의 문장과 뒤의 문장이 상반되는 것을 알 수 있다. 따라서 대조를 나타낼 수 있는 접속사인 while을 써야 한다. Since나 because는 이유를 나타내고, unless는 '~하지 않는 한, ~이 아닌 한'을 의미한다.

25. 가정법/수동태   답 C

오케이 신호가 나갔다면 바비큐 파티에 참석했던 모든 이들이 그 거부할 수 없는 달콤한 양념을 재운 갈비를 향해 달려들었을 것이다.

➡ 주절의 would have thrown으로부터 가정법 과거완료 시제임을 파악할 수 있으므로, if 종속절에는 'if+주어+had+p.p'가 와야 한다. 주어가 행위의 능동이 아닌, 수동의 대상이 되므로 수동형을 써서 'had+been+p.p' 형태로 쓰는 것이 적절하다.

26. 가정법 문제   답 B

데이먼씨는 횡령 사건에 연루되지 않았더라면, 지금쯤 근무조 관리자가 되었을 것이다.

➡ 빈칸부터 새로운 절이 시작되고 있는데, 선택지에 접속사가 없는 것으로 보아 접속사를 생략하고 주어와 동사가 도치된 형태가 들어감을 알 수 있다. 문맥상 가정법 종속절인데, 앞에 나온 주절은 현재에 대한 가정을 나타내지만 뒤에 나올 조건절은 과거에 일어난 일에 대한 가정을 나타내므로 혼합 가정법이다. If를 생략하고 조동사 had가 주어 앞으로 나온 형태인 (b)가 적절하다.

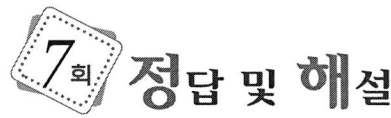

7회 정답 및 해설

1. 주어, 동사 일치와 '태' 문제 답 C

정원 담장의 위와 아래에 소금을 뿌리면 달팽이들이 담장을 오르내리는 것을 막아 준다고 한다. 이는 정원사들에게 좋은 정보이다.

➡ 동명사 sprinkling이 주어이므로 단수로 취급해야 하고, 소금 뿌리는 것이 주어이므로 문맥상 '~라고 전해진다'는 뜻이 되어 수동태가 오는 것이 적절하다.

2. 수동태 문제 답 D

잭은 인도네시아행 비행기 안에서 농담 삼아 '폭탄'이라는 말을 했다가 법원으로부터 벌금형을 받았다. 그는 그의 잘못을 부인할 수 없었다.

➡ fine은 타동사로 '벌금형을 내리다'는 뜻이다. 문맥상 잭이 '벌금형을 받았다'가 되어야 하므로, 수동태가 적절하다.

3. 분사 문제 답 C

자사가 마케팅을 담당하고 귀하께서 온라인 판매를 할 수 있는 서브팩스라는 이름의 패키지로 귀하께서는 서비스를 할 수 있습니다. 여러 방면에서 편리할 것입니다.

➡ You가 주어이고 can create가 동사, services가 목적어이므로, 빈칸에는 동사가 아니라 package를 꾸며 주는 분사가 필요하다. '~라고 불리는' package이므로 과거분사 called가 적절하다.

4. 태와 동사 문제 답 B

제이슨이 심각한 실수를 했지만 그는 절대 잘못한 것을 인정하지 않을 것이다.

➡ admit 동사 뒤에는 to부정사가 나올 수 없다. Admit -ing 혹은 admit to -ing로 쓰이므로 정답은 (b)가 된다.

5. 조동사 문제 답 D

드라이버와 성냥만 있었다면, 맥가이버는 순식간에 그 시계를 고칠 수 있었을 거야.

➡ 가정법 과거완료 문장에서 종속적의 조동사는 would뿐만 아니라 could, should, might 등이 의미에 따라 각각 올 수 있다. 여기서는 시계를 고쳐줄 수 있다는 능력과 가능성을 말하고자 함이므로 could가 알맞은 조동사이다.

6. 동사의 형태 문제 답 C

새로 들여올 책들을 위한 공간을 만들기 위해 치워야 하는 책상이 오래된 책들로 덮여진 채 현관 정면에 놓여 있다.

➡ 'There+동사+주어'로 완벽한 문장 뒤에 연결되는 형태이므로 분사나 관계사 절이 올 수 있다. Table은 책으로 '덮인' 것이므로 수동의 의미가 된다. 따라서 which is covered에서 which is가 생략되어 과거분사 covered로 수식하는 형태가 된다.

7. 관계대명사 문제 답 B

그 부자는 유괴된 아들을 찾아주는 사람에게 거액의 사례금을 주겠다고 했다. 그래서 많은 이들이 빨리 그를 찾고자 한다.
➡ '유괴된 아들을 찾아주는 사람'이라는 뜻이 되도록 빈칸에 알맞은 말을 넣어야 한다. 빈칸 이후의 종속절을 볼 때 빈칸에는 주격 관계대명사가 필요하며 선행사도 필요하다. 또한 여기에 '누구든 막론하고'라는 뜻이 내포되어 있기에 (B)가 오는 것이 적합하다.

8. 전치사 답 B
이 모든 어려움에도 불구하고, 제이슨은 포기하기를 거부했다. 이로부터 우리는 그가 매우 의지가 강한 사람인 것을 알 수 있다.
➡ '비록 ~일지라도'라고 해석될 때 전치사인 despite 혹은 in spite of 뒤에 명사가 오고, 접속사인 even though, although, though 뒤에는 주어 동사가 연결된다. 이 문제는 뒤에 명사구가 왔기 때문에 despite가 온다.

9. 시제 문제 답 B
Mrs. Kim은 10년 동안의 컨트리 음악의 성공에 대해 Tune Awards 전당에 가입되었다. 그녀는 10년 동안 노래를 불러왔고, 은퇴계획이 없다.
➡ 문제의 시제를 파악하려면 우선 같은 문장에 있는 동사의 형태를 보는 것이 적절하다. 이 문제의 경우 and 뒤에 has라고 현재시제가 있기 때문에 (B)가 오는 것이 적절하다.

10. 시제 문제 답 C
파리의 시장은 토요일 힐튼호텔에 기자회견에 사람들을 초대할 계획이다. 그는 2020년 큰 영화제 유치를 위한 계획을 말할 것이다.
➡ 가까운 미래에는 현재형으로 표현하지만, 주의할 점은 특정 시점과 특정 장소가 나온 경우에는 이번 문제와 같이 be -ing가 들어간 동사형을 고르는 것이 맞다.

11. 어순/도치 문제 답 C
원래 베네수엘라에서 왔다고 하는 아레파는 아마도 옥수숫가루로 만든 영국식 머핀이라고 하는 것이 가장 적당한 설명일 것이다.
➡ '그렇게 알려져 있다, 그렇게들 이야기한다'의 내용이 삽입구로 들어가는 문장이다. 독립적인 문장으로 쓰이면 it is said so가 되는데, 이것을 삽입구로 넣음으로써 so가 앞으로 오는 도치가 일어나게 된다.

12. 주어 동사 일치 문제 답 D
태국의 국립공원 중 한 곳에는 호수에 떠 있는 집안에 53세의 남자가 눈을 감고 조용히 앉아 있다.
➡ 문장의 주어는 a 53-year-old man이므로 3인칭 단수이다. 완료시제에 관한 단서가 없으므로 빈칸에 들어가기에 적절한 것은 (D)이다.

13. 대명사 문제 답 A
마틴은 유명한 소설가 한 명이 고등학교 시절부터 오랫동안 친구였다는 얘기를 하여 모두에게 강한 인상을 남겼다.
➡ '한정사+명사+of+소유대명사' 형태의 이중소유격을 완성하는 문제이다. 이중소유격은 of로 소유의 의미를 부여하고, 소유대명사를 사용하여 소유의 의미를 중복시킨 데에서 유래한 명칭이다.

14. 시제 문제 답 B
구조팀은 모든 곳을 다 찾아보았기 때문에, 일본의 한 외딴섬에서 실종된 14명의 영국인 관광객을 찾는 노력을 어제 멈췄다.
➡ 구조팀이 모든 곳을 다 찾아본 것은 실종된 관광객을 찾는 노력을 멈춘 어제 시점보다 더 앞선 과거에 일어난 일이다. 따라서 정답은 과거완료 시제인 'had+p.p' 구문이 사용된 (B)가 정답이다.

15. 관계대명사 문제   답 D

아델은 과학교사로서 학생들이 과학 개념에서 맞닥뜨린 어려움에 대해 연구하기 시작했다.

➡ 빈칸 뒤에 her students가 주어이고 encountered 가 동사, science concepts가 목적어로 완벽한 문장이 왔으므로 빈칸에는 관계부사 혹은 [전치사+which]가 적절하다. 관계대명사 that은 전치사와 함께 쓰일 수 없으므로 (b)를 고르지 않도록 조심하자.

16. 접속사 문제   답 D

실각한 정치인이 언론에 연설할 때, 마치 아무런 특별한 일도 일어나지 않은 것처럼 말했다.

➡ 빈칸 뒤에 절이 나오므로 전치사구인 (a)는 정답에서 제외된다. 문맥상 '마치 ~인 것처럼'이라는 뜻의 (d) as if가 들어가야 자연스럽다.

17. 가정법 구문 문제   답 B

그는 유명한 삼촌의 소개장 덕택에 그가 만날 수 없었던 많은 저명인사들을 접할 수 있었다.

➡ otherwise는 여기서 문맥상 if he hadn't had the letter of introduction from his famous uncle의 의미로 쓰이고 있다. 소개장 덕분에 과거에 많은 저명인사들을 만날 수 있었으므로 빈칸에는 가정법 과거완료 시제가 적절하다. 가정법 과거완료의 경우 주절에는 [조동사의 과거형 + have p.p]로 쓰인다.

18. 가정법 문제   답 C

수는 남편의 간청에 못 이겨 병원에 간 뒤, 초음파 검사로 그녀의 왼쪽 난소에서 낭종이 발견됐다.

➡ 당위성을 나타내는 동사 insist, recommend 등과 마찬가지로 '탄원, 간청'을 의미하는 명사 plea가 이끄는 that절에서는 [(should) + 동사원형]을 쓰기 때문에 (c) go가 정답이다.

19. 가정법 문제   답 D

칼은 희생자의 가족에게 얼마나 큰 상처를 줄지 알았더라면 범죄를 저지르지 않았을 것이라고 말했다.

➡ if와 had known으로 가정법 과거완료 시제임을 알 수 있다. 주절에는 [주어 + 조동사의 과거형 + have p.p]가 와야 하므로 wouldn't have committed가 적절하다.

20. 관계사 문제   답 C

고객이 원하는 상대에게 자신의 정보가 제공될 수 있도록 하는 방안에 은행들이 결국 동의하게 될 것이라고 우리는 믿고 있습니다.

➡ 빈칸 앞에 선행사가 없으므로 복합관계사가 적절하다. 문맥상 '고객이 원하는 대상에게 정보를 공개하는 것'이므로 whoever가 적절하다. Whichever는 you can have whichever you choose처럼 선택의 의미가 강조될 때 주로 쓰인다.

21. 동명사 문제   답 B

생산자 직거래 장터는 농부들과 지역의 농산물 판매장에서 구매하는 데 익숙한 그들의 단골 고객들을 잃은 것처럼 보인다.

➡ get used to에서 to는 부정사를 유도하기 위한 것이 아니라 전치사로 쓰였다. 때문에 get used to 다음에는 반드시 명사, 대명사, 또는 동명사가 와야 한다. 동명사의 형태를 필요로 하는 동작이 주절 동사의 동작보다 먼저 일어난 사건이라면 완료형의 동명사를 사용할 수 있겠으나, 보통의 경우 동사원형에 -ing를 붙여주면 된다.

22. 태/ 시제 문제   답 C

그 소송에 따르면 교도관들은 멀에게 그가 범죄 사업체의 대표라고 알려져 있으므로 안전을 위해 격리되었다고 말했다.

➡ 주어가 he이고 빈칸에는 동사가 들어가야 하므로 (d)는 답이 될 수 없다. Prison officials가 말했던 것이 과거이고 과거 이전에 격리된 것이므로 과거 완료 시제가 필요하며, 또한 격리가 되는 수동적인 입장에 있으므로 had been segregated가 적절하다.

23. 강조구문 문제   답 B

말이 통하지 않는다는 것이 얼마나 불편한가를 외국 여행을 해보고서야 처음으로 알았다.

➡ It ~ that 강조구문이므로 빈칸에는 that이 적절하다. Not until 구문이 It ~ that으로 강조되면 주절의 주어와 동사는 도치되지 않는다. It ~ that으로 강조하지 않았다면 Not until I went on a foreign tour did I know it ~처럼 쓴다.

24. 분사구문 문제   답 B

존 바렛은 더 깊은 물을 향해 나아갔고, 그의 개가 뒤를 따르고 있었는데, 개는 갑자기 흥미를 잃은 듯 다시 해변가로 돌아왔다.

➡ [with + 명사 + 분사] 형태이다. 개가 그를 따르는 것이 능동적 행위이므로 -ing 형태인 (b)가 답으로 적절하다.

25. 비교급 문제   답 D

미국인들의 수명이 길어지면서 이들이 예방적 차원의 의료 혜택을 수년가 더 받을 수 있게 되었기 때문에 건강 증진 활동의 더 큰 중요성이 제기 되었다.

➡ 빈칸 뒤 these individuals 이하에 절이 나오므로 두 문장을 연결할 접속사 because가 필요하다. 원래 비교급 앞에는 the가 붙지 않지만 the를 붙이는 예외의 경우가 있다. 그중 하나가 [all the 비교급 +이유], [none the 비교급+이유]이므로 정답은 (d)가 된다.

26. given 용법   답 B

최근에 빈발했던 학교 총기 사건을 고려하여, 해머라인 초등학교는 경비원을 추가로 고용하고 있다.

➡ 전치사 given(~을 고려해 볼 때, ~을 감안하면)을 알고 있는지 묻는 문제이다. (a)는 그 앞에 주어가 없으며, (c)와 (d) 역시 '주다'라는 뜻으로는 말이 되지 않는다.

8회 정답 및 해설

1. '태'와 어순 답 C
동석은 고온이나 산의 영향을 받지 않기 때문에, 실험실의 테이블 상판, 싱크, 그리고 특정한 화학적인 장비 등에 사용된다.

➡ 동석은 사용되어지는 대상이기 때문에 수동태를 쓰는 것이 적절하고, 빈도부사는 보통 be동사와 과거분사 사이에 위치한다.

2. 주어 동사 일치 문제 답 B
잠이 건강에 있어 중요하다면, 건강을 유지하기 위해서 어느 정도 자야 하는가?

➡ 주어는 how many hours of sleep이므로 복수가 된다. 선택지 중 복수 동사가 될 수 있는 것에서 have needed는 능동태 완료 시제가 되고 are needed는 수동태 현재시제가 된다. 문맥상 '잠은 필요로 되는 것'이므로 are needed가 적절하다.

3. 동사 관련 문제 답 B
Anton은 전에 비밀리에 결혼한 아내가 있었지만, Natasha에게 도망가자고 제안했다. 그래서 Natasha는 윤리적 이유로 거절했다.

➡ propose는 목적어로 to부정사와 -ing 둘 다 올 수가 있다. 그렇기 때문에 빈칸에는 eloping, to elope가 들어가야 하기 때문에 (B)가 적절하다고 볼 수 있다.

4. Find의 용법 답 C
조사에 따르면 스키는 유럽인들이 가장 선호하는 겨울 스포츠이다. 실제로, 겨울에 스키를 타러 가는 사람들이 많다.

➡ '스키를 유럽인들이 가장 선호하는 겨울 스포츠로 알게 된 것'이므로 skiing(목적어)+to부정사(목적보어)로 연결해야 한다. I find it interesting to ski in this mountain(나는 이 산에서 스키 타는 것이 흥미롭다)처럼 '가목적어 it+목적보어+진목적어' 구문과 혼동하지 말자.

5. to부정사 문제 답 D
생계를 위해 그녀는 지하실을 몇몇 학생들에게 세놓았다. 이는 둘 다에게 이득이다.

➡ 문맥상 '생계를 유지하기 위해서'라는 뜻이므로 (d) To make ends meet이 적절하다. 이 경우 In order to~/So as to~도 가능하다.

6. 조동사 문제 답 B
폐사는 신사옥으로 이전하므로, 차후의 모든 통신은 상기 주소로 해주시기 바랍니다.

➡ 문맥상 '회사를 이전하므로 새로운 주소로 모든 우편물을 보내야 한다.'는 뜻이 되어야 하므로 빈칸에는 should가 오는 것이 맞다.

7. 태/분사 문제 답 D
줄리안은 무신론자들 사이에서 자랐기 때문에, 어떤 초자연적인 힘이 존재할 거라고 생각하지 않는다. 그래서 그 힘이 있다고 주장하는 사람 말을 듣지 않는다.

➡ 줄리안이 직접 자라는 것이 아니라 누군가에 의해

키워지는 것이므로 수동태가 적절하다. Since he was brought up을 분사로 바꾸면, 주절보다 한 시제 앞서 있으므로 Having been brought up이 되는데, 이 경우 Having been은 생략할 수 있다.

8. 동사 use 용법   답 D

지진학은 해양 바닥의 깊이를 측정하는 데 적용될 뿐 아니라, 기름을 찾아내는 데도 사용된다. 그러므로 여러 면에서 유용하다.

➡ 'used to+동사원형'은 '~하고는 했다.'이고, 'be used to 부정사'는 '~하기 위해서 사용되다.', 'be used to -ing'는 '~에 익숙하다'는 의미이다. 문맥상 '지진학이 기름을 찾기 위해 사용된다.'는 뜻이므로 is used to locate가 적절하다.

9. 관계사 문제   답 A

어떤 단풍나무들은 즙 때문에 재배되는데, 그 즙은 당의 함량이 높으며 당과 시럽을 생산한다.

➡ what과 that은 계속적 용법으로 쓸 수 없고, 빈칸 뒤에 동사가 왔으므로 주격 관계대명사 which를 쓰면 된다. Which 대신에 and they가 와도 된다.

10. 관계대명사 용법   답 D

우리 반에서 가장 부지런하다고 여겨지는 학생은 피터와 쓰니이다. 그들은 항상 목표 달성을 위해 최선을 다한다.

➡ 주어는 The students이고, 동사는 are로 빈칸 부분이 앞에 있는 The students를 수식하고 있다. People think the students to be the most diligent in my class에서 수동태가 되어 The students are thought to be the most~가 되고, 이 상태에서 The students를 주격 관계대명사 who로 연결한 형태이다.

11. 주어 자리에 맞는 동사형태   답 B

불구자들 중에 아픈 과거를 가진 사람이 있다는 것은 그다지 놀라운 일이 아니다. 그런 종류의 사람에게 있어서는 과거에 놀림받은 것을 생각하는 것은 다시 생각하기 싫은 상처이다.

➡ 주어자리에 동사의 변화형이 올 때는 주로 동명사가 쓰이지만, 보기에는 동명사가 없기 때문에 to 부정사가 와도 무방하다.

12. consider의 용법   답 B

대체의학을 이용할지를 고려하고 있다면 우선 의사, 약사 등과 상담을 하십시오. 스스로 판단하여 사용하는 것은 좋지 않다.

➡ consider는 동명사를 목적어로 취한다. Keep, avoid, mind, risk, postpone, quit, delay, discuss, suggest, ban 등도 동명사를 목적어로 취하니까 기억해두자.

13. 시제 문제   답 A

몇 주 고심한 후에, Kate는 그녀의 직업을 그만두었다. 지금 그녀는 IT회사 CEO의 비서로 일하고 있으며, 전보다 기분이 좋다.

➡ Now가 등장한 것을 확인한다면, 이 문제가 요구하는 것은 현재시제라는 것을 알 수 있다. 그리고 현재 ~하고 있는 중임을 나타내는 것이기 때문에 현재 진행형을 사용하는 것이 맞다고 할 수 있다.

14. 시제/수의 일치   답 D

예술과 인문학에 관한 그의 보도는 뛰어났고, 편집위원회에 의해 높이 평가되었다.

➡ 그의 업적이 높은 평가를 받은 것은 과거의 사건이지만, 현재에도 그 영향이 지속되고 있으므로 결과적 용법으로서의 현재완료 시제를 써야 한다. 또한 주어는 His coverage로서 단수이므로 (d)가

정답이다.

15. try의 용법   답 D
중국 사람들이 만리장성에서 커다란 파라솔을 이용해 낙하를 시도했을 때, 그들은 공기 저항 이론을 시험해보고 있었던 것이다.

➡ try가 동명사 목적어를 취할 때에는 '~을 시도하다'의 의미를 갖게 되며, to부정사를 취하게 되면 '~하려고 노력하다'는 의미를 갖는다. 여기서는 공기 저항 이론을 시험해보고 있었기 때문에 '~을 시도하다'는 의미가 필요하다.

16. 한정사 문제   답 C
새로운 건강보험법이 시행되고 사람들이 그것이 필연적으로 야기하는 비용 증가를 깨닫게 되면, 그 법에 대한 대중의 반대가 늘어날 것이다.

➡ the public은 '대중 또는 국민'의 뜻으로 쓰이고 문맥상 소유격이므로 the public에 's가 붙은 (C)가 정답이다.

17. 전치사 관련 문제   답 A
앨런은 가게 진열장 안에 있는 전등을 보고, 그것에 대해 물어보기 위해 가게 안으로 들어갔다. 그는 그 전등이 매우 아름답다고 생각했다.

➡ 앨런이 안에 들어가서 전등에 대해 물어봤다고 하는 것은 전등은 상점의 진열장 안에 진열되어 있었다는 것을 뜻한다. 그러므로 내부의 의미를 나타내는 전치사 in이 적절하다.

18. 수 일치 문제   답 C
실업 급여를 신청하는 사람의 숫자가 18개월 만에 처음으로 5.8퍼센트 감소할 것으로 예상된다.

➡ 문장 전체의 주어가 The number ~ jobless benefits이므로, 동사는 단수형 (C) is로 일치되어야 한다. The number of ~는 '~의 수'라는 뜻이므로 단수 취급. 한편, a number of ~는 '많은 ~'이라는 뜻이므로 복수 취급한다는 것을 알아두면 좋다.

19. 접속사 문제   답 D
범죄가 저질러질 때 용의자는 이곳에 없었다는 것이 벌써 밝혀졌다.

➡ 문장 구조를 잘 파악하는 것이 관건이다. '주절+부사절'로 이뤄진 suspect was out of town when the crime was committed'가 이에 해당한다. 주어, 보어, 목적어로 쓰이는 명사절을 이끄는 접속사는 that이다.

20. 부사 문제   답 A
연구자들에 따르면 미혼 여성들의 주택 소유율이 동일한 조건의 남성 비율에 빠르게 접근하고 있다.

➡ has been ~ approaching은 '빠르게 가까워지고 있다'는 의미를 나타내야 하므로, 빈칸에는 동사의 내용을 수식할 수 있는 '빠르게'라는 뜻의 부사 (a) fast가 들어가야 한다. Fast는 '빠른'이라는 뜻의 형용사 외에 '빠르게'라는 뜻의 부사로도 쓰일 수 있다. (b) fastly는 존재하지 않는 단어이며, (c) faster는 fast의 비교급, (d) fastest는 최상급 표현이다.

21. 분사 문제   답 C
부상자가 속출하면서 그 팀의 우승 가능성은 크게 줄었다.

➡ crop up은 happen, appear, take place, occur 등과 같이 자동사이다. 문맥상 injuries가 직접 나타나는 것이므로 능동의 의미를 가진 현재분사 (c) cropping up이 적절하다.

22. 가정법 문제 답 C

심지어 카세트 플레이어를 이용하더라도, 시각장애자, 즉 맹인들은 점자법이 없이는 문자들을 읽을 수 없을 것이다.

➡ 주어진 문장은 추측의 내용을 담고 있다. 추측을 나타낼 때에는 조동사의 과거형을 사용하면 되므로 (c)가 정답이다. (d)처럼 조동사의 과거형 뒤에 완료 형태까지 결합시켜 사용할 경우는, 가정법 과거완료 문장으로 간주하여 과거 사실의 반대를 의미하게 된다는 것도 알아두자.

23. 조동사/가정법 문제 답 C

회석이 지난밤에 스노타이어와 체인 없이 산에서 운전했다면 부주의한 것이었을 것이다.

➡ if절이 생략된 가정법으로 '지난밤에 스노 타이어와 체인을 매고 운전했기 다행이지 안 그랬다면 부주의한 행동이었을 것'이라는 뜻이다. last night으로 보아 과거에 벌어진 일에 대한 가정법이므로 가정법 과거완료 시제가 적절하다. 과거완료의 경우 [If + 주어 + had p.p, 주어 + 조동사의 과거형 + have p.p]로 쓰였으므로 (c)가 정답이다.

24. 어순 문제 답 A

중국에 있는 사람들은 '티베트'와 같은 금지된 주제에 대한 웹사이트를 찾는 데 어려움을 겪을 것이다. 중국 정부는 거의 모든 해로운 정보를 통제한다.

➡ find 뒤에 가목적어 it과 목적보어 difficult가 오고 그 뒤에 to부정사, 진목적어가 와야 한다.

25. 가정법 현재 문제 답 A

너의 아들이 콘택트렌즈를 착용하고 있다면, 눈병이 걸릴 가능성이 있을 때에는 렌즈 착용을 중단하는 것이 중요합니다.

➡ 주절이 현재(is)이고 빈칸의 주어가 she이므로 (b)를 답으로 고르기 쉽다. 하지만 that절 앞에 미래에 대한 주관적 의견이나 요구를 나타내는 critical, necessary, imperative, crucial등과 같은 형용사가 올 때는 (should)+동사원형을 쓴다. 보통 should를 생략하고 쓰므로 동사원형인 (a)가 정답이다.

26. 태/시제 답 D

폴 포츠의 온라인 비디오 영상은 전 세계에서 1억 번 이상 시청되었고, 그를 세계적인 스타로 만들었다.

➡ 온라인 비디오 영상이 시청되는 것은 사람들에 의하여 수동적으로 이루어지는 것이므로, 동사 view는 'be동사+p.p'형태의 수동태로 쓰여야 한다. 또한 과거부터 현재까지 전 세계에서 1억 번 이상 시청되었으므로, 시제는 현재완료가 되어야 한다. 따라서 이 두 조건을 모두 만족시키는 현재완료 수동태 (D)가 답이 된다.

9회 정답 및 해설

1. 태 관련 문제　　답 A

우리 주의 열 개 하원 의석 가운데, 단 한자리만을 신입이 차지했고, 나머지 당선자들은 모두 현직 의원들이었다. 그들은 권력을 유지하기 위해 노력했다.

➡ 문맥상 only one의 one은 '의석'을 나타내므로, 사물 주어이고, 의석은 새로운 의원에 의해 차지되어지는 대상이므로, 수동태가 적절하다. 따라서 was won by new member가 정답이 된다.

2. 어순 문제　　답 C

그 IT 회사는 웹 디자인에 정통한 인재들을 찾고 있습니다. 그 회사는 자기 분야에서 성공하려면 잘 디자인된 웹사이트를 구축하는 것이 중요하다고 생각한다.

➡ 올바른 어순으로 주어진 문장 성분을 배열하는 문제이다. '웹 디자인에 정통한 사람들'이라는 뜻이 되어야 하므로, 먼저 동사 looking for의 목적어 people이 쓰이고, '~에 지식을 가진'이라는 뜻의 형용사구 knowledeable in이 이어지는 (c)가 답이 된다.

3. 태와 조동사　　답 B

좋은 책을 선택하는 중요성은 아무리 강조해도 지나치지 않다. 책의 영향력이 강하기 때문에, 사람들은 신중해야 한다.

➡ 높이 평가되어지는 것이므로 수동태가 와야 하고, '아무리 ~해도 지나치지 않다'는 구문으로 cannot be over-를 사용할 수 있다.

4. insist의 용법　　답 C

Rian이 Syndy에게 범죄자들이 그의 가게에 불을 질렀다고 말하니, 그녀는 그가 경찰에 신고할 것을 주장했다.

➡ insist와 같이 주장을 나타내는 동사의 경우에는 'that+주어+(should)+동사원형'의 형태로 전개되게 된다.

5. 관계사 문제　　답 D

Sandy는 가게를 운영하는 법을 배우려 했는데, 이는 자신의 사업을 하기 원해서이다. 나는 큰 회사가 생산하는 모든 제품을 관리하는 사람을 알고 있다.

➡ 관계사가 정답이라고 여겨지는 경우, 선행사의 형태로 보아 관계부사가 아니고 관계사절이 이끄는 절의 동사가 목적어를 가질 수 없는 경우에는 관계형용사가 정답이 된다. 특히 be동사의 경우, 목적어를 가질 수 없기에 관계대명사가 목적격이 될 수 있는 경우는 없다.

6. that절의 전개방식　　답 B

Jane이 Tom에게 대학에 갈 돈이 없다고 말하자, Tom은 Jane이 공부하는 것을 돕기 위해서 돈을 좀 주었다. 그는 그때 돈을 받을 것을 요구하면서 그녀에게 돈을 건넸다.

➡ insist, require, suggest와 같이 요구, 주장, 조건, 제안, 명령의 의미를 갖는 동사가 오면 that절에는 '주어+(should)+동사원형' 형태가 오게 된다.

7. 분사구문 답 B

제대로 전달되기만 한다면 기술적 진보들이 환경 보존을 위한 노력에 실마리가 될 수도 있다.

➡ 문장의 주어인 technological upgrades와 분사구문의 동사인 channel의 관계를 볼 때 빈칸에는 수동의 의미가 들어가야 한다. 그러므로 정답은 (b), (d) 중에 하나가 될 수 있는데, 부사는 보통 be동사 뒤에 오므로 (d)는 Being properly channeled라고 해야 맞으며 (b)는 Being이 생략된 수동태로 볼 수 있다.

8. 동사 문제 답 D

2013년 봄까지 학위를 마치는 지원자들은 학력 자격을 갖춘 것으로 간주될 것이다.

➡ 동사 deem은 'deem+목적어+to부정사' 또는 'deem+that+주어+동사'의 형태로 사용된다. 그러므로 빈칸에 적절한 것은 to부정사구인 (d)이다. To have met은 완료부정사로 '자격을 갖춘 것'으로 간주된다는 의미가 된다.

9. 수동태 문제 답 C

한국에서 가장 비싼 햄버거는 캐나다산 바닷가재를 얹고 호주산 쇠고기 안심 스테이크를 넣어 만든 것으로, 서울 워커힐 호텔에서 181,500원에 맛볼 수 있다.

➡ 한국에서 가장 비싼 햄버거가 서울 워커힐 호텔에서 판매된다는 표현이므로, 수동태가 사용되었다.

10. 동명사 문제 답 B

캄보디아의 문화유산을 보존하는 것이 그 학자에게 강박관념이 되었다.

➡ 문장의 구조상 has become이 동사 부분이고, 그 앞부분이 문장의 주어가 된다. 주어로 쓰일 수 있는 품사는 명사, 대명사, 명사 상당 어구인 preserve라는 동사를 주어의 위치에 놓기 위해서는 동사와 명사의 성격을 동시에 가지고 있는 동명사로 만들어주면 된다. 따라서 빈칸에 Preserving이 들어가야 한다.

11. 시제 문제 답 C

배가 싱가포르를 떠날 즈음까지, 선장은 잡다한 선원들을 모았다. 이는 나중에 그에게 도움이 되는 것으로 밝혀졌다.

➡ 시제의 전후관계를 잘 살펴야 하는 문제이다. By the time the ship left Singapore와 the captain ~ a motley crew에서 선장이 선원을 모은 것이 배가 싱가포르를 떠나는 시점보다 이전에 시작하여 완료된 것이므로 과거완료 시제를 쓰면 된다.

12. 수일치 문제 답 A

미국 경제에 대한 전망이 밝음에도 불구하고, 소비자들은 지속적인 금리 인상의 장기화라는 새로운 재정적인 부담에 직면하고 있다.

➡ 빈칸의 동사의 주어는 복수명사 prospects이고, for the American economy는 주어의 수식어구이다. 전망을 뜻할 때는 복수형으로 쓰며, 따라서 정답은 (A)가 된다.

13. 시제 문제 답 D

제이미는 그 남자를 한눈에 알아보았는데, 그것은 그녀가 그를 예전에 본 적이 있기 때문이었다. 그가 이상한 행동을 해서 그녀는 그를 잊을 수 없었다.

➡ 제이미가 그 남자를 알아본 것은 예전에 본 적이 있기 때문이므로 시간의 흐름상 '그 남자를 본 것'이 먼저이고, '남자를 알아본 것'이 나중이 된다. '남자를 알아본 것'의 시제가 과거형이므로 '그 남자를 본 것'은 그보다 앞선 시제인 과거완료형이 되어야 한다.

14. 관계사 문제   답 C

오하이오 가석방 위원회는 한 여성의 석방 신청서를 거부했는데, 이 여인의 형은 그 후 주지사에 의해 감형되었다.

➡ 여자의 형기이므로 역시 소유 관계대명사가 적절하며, of which는 정관사 the가 없어서 문맥의 자연스러움 여부를 떠나 답이 될 수 없다.

15. 생략 관련 문제   답 C

예상치 못한 딜레마에 직면할 때에도 성취도가 높은 사람들은 결코 그들의 궁극적인 목표를 잊지 않는다.

➡ 시간, 조건, 양보의 부사절에서 '주절과 같은 주어와 be동사'는 생략될 수 있다. 본래의 형태인 When high performers are facing에서 high performersa are가 생략되면, When facing이 남는다. 목적어인 unexpected dilemmas가 있으므로 과거분사는 올 수 없다는 것을 알아도 해결할 수 있는 문제이다.

16. 대명사 문제   답 B

어떤 사람들은 꿈에 나타난 메시지를 무시하지만, 다른 사람들은 그것이 어떤 길잡이가 될 것이라고 기대한다.

➡ 앞에서 Some people ignore the messages in their dreams라고 한 다음, 뒤에 이어지는 내용에서 '길잡이가 될 것으로 기대하면서 보는 것'은 무엇일까를 생각하면 빈칸에 들어갈 말을 찾을 수 있다. 꿈에 나타난 메시지이므로 대명사로 받으면 되는데, look to 뒤에는 목적격이 오므로 them을 쓰면 된다.

17. 시제 문제   답 D

인간은 인류가 존재했던 기간만큼 긴 시간 동안 불멸을 꿈꾸어 왔지만, '청춘의 샘'이라는 것은 여전히 신화에 불과하다.

➡ 빈칸에 들어갈 동사와 호응하는 주어는 humans이고, 인류는 한때 과거에 존재했던 것이 아니라 과거부터 지금까지 존재해 오고 있으므로 현재 완료 시제를 적용한 (D)가 정답.

18. 접속사 문제   답 C

그 소설가는 북미에서 검열의 위협에 직면하기보다는 유럽에서 작품을 출간하기로 작정했다.

➡ 문맥상 빈칸에는 '~보다는, ~대신에'라는 말이 와야 자연스러우므로 (c)가 정답이다.

19. 대명사 문제   답 B

수년 동안 공립학교에서 휴대폰 사용을 금하는 조치가 있었지만, 지난봄에는 경비원들이 무작위 보안 검색을 하면서 휴대폰 압수하기 시작했다.

➡ begin은 뒤에 to 부정사나 동명사를 목적어로 취한다. 문맥상 cell phones를 대신하는 대명사가 필요하므로 them이 적절하다.

20. 전치사 문제   답 A

비만 위기는 기후 변화와 똑같이 생명에 위험을 준다.

➡ 문맥상 기후 변화가 주는 위기와 비슷한 수준의 위험을 준다는 내용이 와야 한다. '~와 똑같이'라는 표현은 on par with ~가 된다. 참고로 아주 뛰어날 때는 above par, 평균수준일 때는 up to par라고 하므로 함께 기억해두자.

21. 분사구문 문제   답 C

거식증으로 고생하면서 제인은 2주 동안 10킬로그램 이상의 몸무게가 빠졌다.

➡ suffer from은 '~때문에 고통을 겪다'라는 뜻이다. 또한 분사구문의 시제는 주절의 시제와 같을 경우

-ing 형태가 와야 하므로 답은 (c)의 Suffering이다.

22. 가정법 문제 답 D
요즘 많은 사람들이 영어를 배우러 해외로 나간다. 만약 내가 해외에서 공부했었다면, 지금보다 영어를 잘했을 것이다.

➡ 가정법 관련 문제이다. 주절에 있는 동사의 형태를 보면, could have p.p 형태이기 때문에, 과거 사실에 대한 가정이라는 것을 알 수 있다. 그렇기 때문에 빈칸에는 과거 완료가 와줘야 한다.

23. 가정법 문제 답 B
다음날 면접을 볼 예정이던 마틴은 하루 종일 잠을 자며 보냈다. 그 결과 그는 취직을 하지 못했다. 그가 실제로 면접시험에 잘 대비를 했다면, 틀림없이 취직할 수 있었을 것이다.

➡ 과거사실에 대한 가정을 전제로 하기 때문에 가정법 과거완료를 사용해야 한다. 이에 따라 would have gotten이 오는 것이 적절하다.

24. 어순 문제 답 C
신문과 텔레비전은 일반인이 세계에 대한 지식과 정보를 얻을 수 있는 주된 원천이라고 한다. 실제로 잘 사용하고 있다.

➡ derive A from B 용법과 관계대명사 which가 쓰여서 다소 복잡해 보이는 문제이다. Which의 선행사는 the main sources이고, 관계대명사는 이어주는 문장들 사이에 위치하므로 (c)가 정답으로 적절하다.

25. 시제/ 태 문제 답 B
분석가들은 투자자들이 주식 가치가 침체된 세계 경제에도 못 미치는 수준으로 떨어진 것으로 결론지었다고 말했다.

➡ 분석가들이 결론을 내린 시점이 과거이고 과거 이전에 엄청난 수준으로 떨어졌다는 것이므로 과거완료 시제가 적절하다. 따라서 빈칸에는 (b) had fallen이 정답이 되며 fall은 자동사이므로 수동태가 될 수 없다.

26. 분사구문 문제 답 C
제인은 꿀벌 집단이 급감하고 있다고 집중 조명한 후 나아가 살충제와 연관된 문제에 대해 다루었다.

➡ 분사구문은 주절과의 선후 관계가 분명할 경우, 즉 분사 구문이 주절보다 확실히 먼저 일어난 일을 표현하는 경우 완료 분사 구문의 형태 (having + p.p)로 쓴다. 제인은 꿀벌 집단이 급감하고 있다고 강조한 후에 살충제와 관련된 문제를 다루기 시작한 것으로 선후 관계가 분명하므로 (c) having highlighted가 답이 된다. 주어와 동사(분사)가 수동적 관계일 경우에만 (b)나 (d)처럼 수동형을 사용한다.

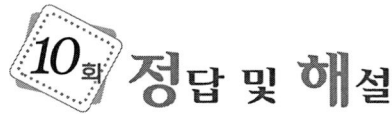

정답 및 해설

1. 어순 문제   답 D

케빈의 식욕은 무서울 정도인데, 그는 알면서도 과식한다. 그의 친구들은 건강을 위해 좀 덜 먹을 것을 권하고 있다.

➡ '그는 알면서 먹는다'는 he knowingly eats이고, 그가 먹어야 할 양보다 더는 '비교급+than'을 사용해서 more than이라고 하면 되므로, knowingly eats more than이 적절하다.

2. 조동사 문제   답 A

대부분의 시민들은 보복이 두려워서 폭력배들을 직접 신고할 용기를 내지 못한다.

➡ '~할 여유가 있다'는 can afford, '~할 여유가 없다'는 cannot afford로 쓰인다. 예를 들어, CDs are so expensive that I cannot afford to buy as many as I want(CD 값이 너무 비싸서 내가 원하는 만큼 살 수 없다)로 사용 가능하다.

3. 어순 문제   답 C

연구원들에 따르면, 아이들이 잠을 덜 잘수록 과체중이 될 가능성이 더 커진다.

➡ 'the+비교급, the+비교급' 구문을 묻고 있다. They are likely to become~과 같은 문장에서 likely의 비교급은 more likely이기 때문에 the more likely와 같은 어순이 되어야 한다. 한편 the less children sleep은, little의 비교급으로 less가 사용된 경우이다.

4. 태와 어순 문제   답 D

플라스틱 병이 그렇게 부드러운 것으로 바뀔 수 있다니 정말 놀랍다. 나한테 흥미로운 것들이 참 많다.

➡ 병은 직접 만드는 것이 아니라 만들어지는 것이기 때문에 수동태가 적절하다. Something, anything, nothing, everything과 같은 명사의 어순은 항상 something special처럼 쓰인다.

5. 관계사 문제   답 B

John이 그 자전거를 봤을 때, 그는 그 자전거의 바퀴가 그가 가지고 있던 것과 같은 것을 보고 지난달에 잃어버린 자전거라고 확신했다. 그는 경찰에 전화를 하였다.

➡ the same ~ as는 유사함을 나타내고, the same ~ that은 동일함을 나타낸다. 문장의 의미에서 관계사를 고르는 문제이고, the same이 있으므로 특정이 되므로 의문의 흔적이 있는 which나 who는 사용할 수 없다.

6. 관계대명사 문제   답 B

말라리아에 걸려 즉사하지 않은 사람들은 종종 다른 병에 저항할 수 없는 상태가 된다.

➡ those 다음에는 보통 who가 와서 '~한 사람들'을 뜻하는 표현으로 쓰인다. 이 경우에는 who는 관계대명사에 해당한다. 위 문장에서 빈칸에 들어갈 말은 동사 kill의 목적어이므로 목적격 관계대명사 whom이 들어가야 한다.

7. 분사구문   답 D

시속 100마일이 넘는 속도까지 가속되자, 자동차는 통제불능 상태에서 미끄러지더니 한 바퀴 돌아 반대편 차선으로 들어갔다.

➡ 부사절 As the car had accelerated to a speed of over 100 miles per hour가 분사 구문으로 Having accelerated~의 형태로 되었다. 접속사 As는 생략해도 의미가 모호해지지 않으므로 생략할 수 있으며, 부사절의 주어 the car는 주절의 주어와 같으므로 생략된다.

8. 한정사 관련 문제   답 B

기온이 올라가면서 몇몇 사람들이 반팔을 입고 있다. 사람들은 올해 여름이 작년보다 더울 것이라고 예측한다.

➡ '약간 있는'이라는 뜻으로 쓸 때는 few 앞에 부정관사 a를 붙여 a few로 표현한다. 반면 부정관사 없이 few를 단독으로 쓰면 부정의 의미가 되며, 해석은 '거의 없는'으로 한다.

9. 동명사 문제   답 C

할아버지는 손 가까이에 작은 종 하나를 두셨고, 주변을 걷는 연습을 하고 싶을 때면 부드럽게 종을 흔들어 간병인을 부르셨다.

➡ 동사 practice는 동명사를 목적어로 취하므로, 빈칸에 올 수 있는 동사 walk의 올바른 형태는 walking이다.

10. 주어/동사 일치 문제   답 B

카르멘의 참견하기 좋아하는 오빠는 항상 자기 여동생과 데이트하는 모든 남자를 만나기를 고집한다.

➡ every는 '모든 (남자)'로 해석하기 때문에 의미상으로는 복수이지만, 단수 취급을 한다. 따라서 동사는 3인칭 단수를 받아주는 dates가 오는 것이 맞다.

11. 전치사 문제   답 D

본 전시회는 관객들에게 라틴 아메리카의 복잡한 토착 세계와 그 민족의 가난, 그들이 받고 있는 착취의 사례를 보여줄 것이다.

➡ the exploitation과 they are subjected의 관계를 정리해줘야 하는데, 토착민이 착취의 대상이 되는 것이므로 대상 앞에 오는 전치사 to가 필요하다. 여기에 선행사 exploitation을 받아줄 관계대명사가 필요하므로 to which가 온다.

12. 시제 문제   답 B

제인은 구직을 위한 온갖 고생 끝에 너무나 좋은 회사에 취직하게 된 것에 감사했다.

➡ 제인이 고마워한 것은 '너무나 좋은 회사에 취직하게 된 것'인데, 시제의 선후관계를 보면 취직한 것이 먼저이고, 그에 대해 감사하는 것이 나중이다. '감사하다'가 과거형으로 쓰였으므로 '취직한 것'은 그것보다 앞선 시제인 과거완료형이 오는 것이 적합하다.

13. to부정사 관련 문제   답 D

오늘날 살아 있는 모든 척추동물은 수백만 년 전에 공룡의 조상을 두었던 것으로 여겨진다.

➡ 'be believed(said/thought) to부정사'는 '~라고 여겨지다'라는 뜻이다. 이때 to부정사가 주절보다 더 먼저 일어난 일일 경우, 완료 부정사를 사용한다. 척추동물이 공룡의 조상에서 대를 내려온 것은 주절의 현재 시제보다 앞선 과거의 일이므로 완료 부정사를 쓴다.

14. 재귀대명사 문제 답 B

교황 자신의 확신에 찬 메시지조차도 점점 거세지는 비난을 막지는 못했다.

➡ 빈칸이 없어도 완전한 문장을 이루고 있다. 따라서 빈칸 앞의 Pope를 수식하여 '직접, 자기 자신의'라는 강조의 뜻을 나타내는 재귀대명사가 들어가는 것이 알맞다.

15. 대명사 문제 답 B

과학자들은 21명의 선천적인 맹인의 인터뷰를 촬영했고 그들의 특징적인 얼굴 표정이 자신들의 가까운 친척들과 놀랄 정도로 흡사하다는 것을 발견했다.

➡ 앞서 이미 나온 명사의 반복을 피하여 지시 대명사 that/those가 'that (those) of~'의 형태로 사용된다. 여기에서는 명사구 the signature facial expressions의 반복을 피하기 위해 복수형 (b) those를 사용해야 한다.

16. 태/시제 문제 답 B

토드는 일지에 몇 번 다시 나온 이름을 기억했다.

➡ reappear는 자동사로 수동태가 될 수 없고 기억해 내는 시점보다 일지에 나타난 시점이 먼저이므로 과거완료를 써서 (b) had reappeared가 되어야 한다. appear, reappear, disappear, occur, happen 등은 자동사이므로 수동태를 쓸 수 없다.

17. 시제와 태 문제 답 B

활성단층지대 근처에 인구가 많이 집중된 지역이 위치해 있기 때문에, 수백만의 사람들이 개인적, 경제적 손실을 겪어 왔다.

➡ 인구가 집중된 지역은 '위치되어 있는 것'이므로 수동태가 적절하고 일반적인 사실을 나타내므로 현재 시제가 적절하다. (d)의 are being located는

현재진행형의 수동태로 '~되어지고 있다'는 진행의 의미가 강조되므로 빈칸에는 어색하다.

18. 접속사 문제 답 A

사람은 나이를 먹음에 따라 삶의 질에 영향을 미치는 만성 질환에 걸리기 쉽다.

➡ 알맞은 접속사를 고르는 문제이다. 문맥상 빈칸에는 '~함에 따라'라는 뜻이 필요하므로 (a)가 정답이다.

19. 시제 문제 답 B

소송은 아파트 단지 소유주들이 연기 탐지기를 설치하지 않은 것에 대해 과실이 있기 때문에 벌어졌다.

➡ 종속절 because 이하에서 주어인 owners가 복수이므로 복수형 동사가 와야 하고, 주절의 시제가 과거(was)이므로 과거 시제를 쓴 (b)가 정답이다.

20. 관계대명사 문제 답 D

타조 가죽은 깃털이 자라나는 큰 모낭으로 인해 '닭살' 모양을 하고 있다.

➡ 알맞은 관계대명사를 고르는 문제이다. 합쳐지기 전의 두 번째 문장은 원래 the feathers grow from the large follicles인데, 여기서 the large follicles가 선행사로 나가고 빈칸에는 남은 from과 관계대명사 which가 필요하므로 정답은 (d)이다.

21. 시제/태 문제 답 B

유럽은 대부분 학생들이 해외 여행할 기회가 주어진다면 방문하겠다고 하는 지역이다.

➡ 시제와 태를 묻는 문제이다. 앞에 조동사의 과거형인 would가 있는 것으로 보아 가정법 구문이므로 과거 동사를 쓴 (b)와 (c)가 시제상으로는 맞다. 빈칸 앞의 주어 they가 가리키는 것은 students로

학생들에게 기회가 '주어지는' 것이므로 수동태인 (b)가 정답이다.

22. 동사 형태 문제 답 B
세계에서 가장 돈이 많은 사람들 중에 한 명은 빌 게이츠이다. 사람들은 그와 같이 되고 싶어 하며, 자기 분야에서 최선을 다한다.

➡ One of the 복수명사는 one이 주어로 취급되기 때문에, 단수동사가 와야 한다. 그리고 문제 전체의 시제가 현재이기 때문에, 이 두 조건을 충족시키는 is가 답이 된다.

23. 접속사 문제 답 C
한 단체의 예산안은 단순히 비용을 목록화한 것이 아니라, 예상 지출과 수입을 상세한 재무제표로 나타낸 것이다.

➡ 문맥상 '단순히 목록화한 것이 아니라, 상세한 재무제표로 나타낸 것이다.'라는 의미가 되어야 맞는데, 빈칸 앞에 not just가 있으므로 빈칸에는 이와 상응해 'not just A but B(단지 A가 아니라 B)' 구문을 이루는 but이 들어가야 한다.

24. 비교급 문제 답 C
호트 씨는 프로젝트의 진행이 자신이 예상했던 것보다 훨씬 더디어서 실망했다.

➡ '훨씬, 아주'라는 의미로 비교급 형용사나 부사를 강조할 수 있는 부사는 much, even이다. So, very, too는 비교급을 수식할 수 없다.

25. 가정법 시제 답 D
제이크와 존스는 크게 싸운 후에 마치 아무 일도 없었던 것처럼 행동했다. 사람들은 그것을 매우 이상한 것으로 생각한다.

➡ as if나 as though는 '마치 ~인 것처럼', '마치 ~였던 것처럼'의 의미로 쓰이면서 각각 가정법 과거, 가정법 과거완료로 쓰인다. Ex) He acts as if he knew me.(그는 마치 나를 아는 것처럼 행동한다.)

26. 가정법 문제 답 C
장애인들을 위한 많은 프로그램들은 정부기금에 의존한다. 정부가 프로그램들에 대해서 재정적으로 지원을 해주지 않는다면, 많은 프로그램들이 사라질 것이다.

➡ 현재사실에 대한 가정인 가정법 과거형에서는 주절에 '조동사의 과거형+동사원형'이 온다.

11회 정답 및 해설

1. 조동사 문제 답 C
전적으로 확신하는 것은 아니지만, 우리는 경쟁자들의 능력이 우리보다 더 나을 것이라고 생각했다. 그러나 우리는 우리의 의지를 보여주기 위해 최선을 다할 것이다.

➡ 확신이 아니라 that절 이하를 생각하는 것이므로 빈칸에는 추측과 가능의 조동사인 might, could, would 등이 오는 것이 맞다.

2. 관계대명사 문제 답 C
그 소설은 다른 소설들보다 교훈적인 작품으로 그 안에서 작가는 덕행의 본보기를 제시한다.

➡ 작가가 그 소설 '속'에 미덕의 모범을 보여주는 의미이므로 관계대명사 which와 함께 '그 속'을 뜻하는 전치사 in이 와야 한다.

3. 관계사 문제 답 C
그 신부는 그 나라의 역사상 최대 규모의 자유를 위한 시위에 참여하게 된 점을 자랑스럽게 생각했다.

➡ 관계사 문제를 풀 때는 빈칸의 앞과 뒤를 모두 살펴봐야 한다. 빈칸 앞에는 전치사만 있으므로 '명사'가 필요하고, 뒤쪽에는 목적어가 따로 없다. 따라서 빈칸 뒤의 목적어 역할을 하는 관계대명사이면서 동시에 앞의 '선행사' 역할도 하는 관계대명사인 what이 적절하다.

4. 어순 문제 답 B
어느 날 트래거 씨에게 재무장관직을 맡으라는 긴급한 지시가 내려왔다.

➡ '어떤 직을 맡다'라고 할 때 take over the office라고 하면 된다. 문장의 구조상 '어떤 직을 맡도록 하는 지시'의 뜻이 되어야 하므로 빈칸에는 order를 수식하는 형용사가 들어가면 된다.

5. 분사 문제 답 C
경찰관이 죄 없는 사람에게 총격을 가해 정직당했다는 소식에 충격을 받은 시민들은 그를 해고할 것을 요구했다.

➡ 분사구문인 빈칸의 주어는 주절의 주어와 동일한 citizen이라는 사실을 먼저 파악해야 한다. 시민들은 소식을 듣고 '충격을 받은 것'이지, '충격을 준 것'이 아니므로, 수동의 의미관계를 나타내는 shocked가 정답이다.

6. 조동사/가정법 문제 답 D
그 자기계발서에 작가가 전하는 메시지는 당신이 되었을지도 모르는 사람이 된다는 것에 있어 결코 너무 늦은 때란 없다는 것이다.

➡ 가정을 내포하는 문장이므로, 동사는 '조동사의 과거형+have+p.p'의 형태로 표현되어야 한다.

7. 어순/시제 문제 답 D
변변치는 않았지만, 그 식당에서 남은 음식은 매일 많은 노숙자들에게 배식되었다.

➡ such as it is는 '이런 정도지만, 변변치 않지만, 대단한 것은 못 되지만'의 뜻으로 하나의 숙어처럼 쓰인다. 문장에서는 '음식이 제공되었다'라는 과거형에 함께 쓰였기 때문에, be동사 is를 was로 고쳐주면 된다.

8. 태 관련 문제 답 B

골동품 인형 수집품은 미국 역사 학회의 신탁금에 의해 관리된다. 이는 사람들이 그 인형에게 중요하다고 생각해서이다

➡ '태'에 관련된 문제이다. 문맥상 수집품은 '관리되는' 대상이므로 수동태가 되어야 알맞다. 선택지 중에서 수동태는 (B)만 존재한다.

9. 'too~to' 구문 답 C

면밀한 검사로는 눈에 보일지 몰라도, 그 그림의 붓 칠은 너무나 섬세해 일반 관람객들은 알아차리지 못할 정도이다.

➡ 뒤에 나오는 to note와 호응할 수 있는 것은 'too~to부정사' 구문을 이루는 (C)이다. 의미상으로도 '너무 섬세해서 알아차리지 못하다'라는 뜻이 되어야 자연스럽다. For the average viewer는 to부정사의 의미상 주어를 나타낸다.

10. 전치사 문제 답 D

금융위원회에 따르면, 정전 중에 체결된 전자상거래가 하나도 기록되지 않았다.

➡ made부터 blackouts까지가 trades를 수식하고 있으며, which were이 생략된 관계사절로 봐도 무방하다. 특정 기간을 나타내는 명사가 나왔으므로 빈칸에는 기간을 나타내는 전치사가 와야 한다.

11. 관사 문제 답 D

칭기즈 칸이 이끈 군대는 전투 중에 적군에게 절대 자비를 보이지 않는 것이 관례였다.

➡ mercy 뒤에 다른 수식어가 없으므로 the를 쓸 이유가 없고, none은 대명사이므로 명사를 수식할 수 없으며, any는 부정문이나 의문문에 쓰이므로 역시 알맞지 않다. No가 들어가 부정의 의미를 이루는 것이 알맞으므로 (d)가 정답.

12. 문장 구조 문제 답 B

판사는 몇몇 소비자 단체의 주장을 듣고 난 후, 소비세가 적정 금액 이상으로 인상되었음을 알게 되었다.

➡ 빈칸 앞에 비교급 greater는 than과 호응하므로 (a)와 (b)가 정답 후보이다. 이때 than 뒤에는 반복되는 어구 amount가 생략되는데, 생략된 amount가 들어가 절이 완성될 수 있는 것은 (b)이다. 이 경우 than은 접속사와 생략된 주어 역할을 동시에 하는 일종의 관계대명사로 볼 수 있다.

13. 분사/전치사 문제 답 D

5달러 지폐의 경우 자외선에 노출되면 링컨 초상화의 왼쪽에 위치한 실선이 푸른색으로 빛난다.

➡ 접속사 when 뒤에 대명사 주어와 be동사가 생략된 형태로 when it is _____가 된다. 문맥상 it은 5달러 지폐를 나타내고 지폐는 노출되는 것이므로 과거분사인 exposed가 필요하다. '~에 노출되다'는 exposed to라는 것도 기억해 두자.

14. 도치 문제 답 D

역사상 단 두 번 인간은 부를 창조하는 완전히 새로운 방법을 발명해 냈다.

➡ only는 부정어 도치를 이끌어낸다. 원래는 We humans have invented a wholly novel way of creating wealth only twice before in history의 어순으로, 문제에서 제일 처음 등장하는 어구의 위치는 문장 맨 끝이었지만, 문장의 매 앞으로 이동하여 주어와 동사의 도치를 이끌어낸다.

15. 대명사 문제　　　답 A

도얀 자동차는 가속 페달의 문제를 해결하는 동안 미국 시장에서 여섯 개의 모델에 대한 판매와 생산을 잠정적으로 중단할 것이다.

➡ 빈칸에 들어갈 말은 주절의 '도얀 자동차'를 대신할 대명사이다. 회사 이름 자체는 복수로 되어 있지만 하나의 기업을 가리키므로 it이 옳다.

16. 수 일치 문제　　　답 D

국제지구협회와 미국기후학자협회 둘 다 지구온난화가 실존함을 의심하지 않는다.

➡ 상관접속사 neither A nor B(A도 B도 아닌)의 수 일치 문제로, 이 경우 동사에 가까운 B에 동사의 수를 일치시킨다. 여기서는 단수이므로 3인칭 단수형 동사인 (d)가 정답이다. 빈칸 앞에 복수인 scientists가 있다고 해서 덥석 (c)를 고르지 않도록 유의하자.

17. 분사구문 문제　　　답 D

자신의 죄에 답변하기 위해서 법정에 소환되자, 용의자는 나라를 떠나 그 이후로 지금까지 모습을 보이지 않았다.

➡ 분사구문이다. 분사구문의 주어인 the lawyer가 '소환되는' 대상이므로 수동태가 되어야 하므로 (d)가 정답이다. 소환된 것은 나라를 떠난 것보다 먼저 일어난 일이므로 having been p.p라는 완료형을 쓴다.

18. 현재완료 문제　　　답 D

문 교수님은 강의력이 좋은 것으로 유명하다. 사람들은 그가 어떻게 그런 능력을 얻었는지 궁금해한다. 그들은 그가 1995년부터 그 과목을 가르쳐왔다는 것을 알았다.

➡ 일단 시제 자체가 현재인 것을 문장 전체를 통해 알 수 있다. 그리고 밑줄 뒤에 since가 '~이래로'라는 뜻을 가지고 있기 때문에, 과거부터 지금까지 진행되어오는 것을 의미한다. 즉, 현재 완료 진행이 오는 것이 적절하다.

19. 접속사 문제　　　답 B

팀은 어제 기말보고서를 마무리하느라 늦게 잠들었다. 비록 매우 피곤하고, 졸리었지만, 그는 가까스로 모든 수업에 참석하였다.

➡ 빈칸에 들어갈 말은 '비록 ~임에도 불구하고'라는 뜻을 가진 접속사이다. 보기 중에서 그러한 뜻을 가진 것은 (a)와 (b)가 있는데, (a)는 접속사가 아니라, 전치사이기 때문에 뒤에 명사나 명사구가 와야 한다. 빈칸 뒤에 절이 있는 것으로 보아 (a)가 오는 것이 적절하다.

20. 시제 문제　　　답 B

현대 엔지니어링은 최근 중국에 내년 초에 완료되기를 희망하는 큰 건물을 짓고 있다. 그 회사가 공사를 마칠 때쯤이면, 이미 3년 동안 프로젝트를 진행하고 있을 것이다.

➡ 현재 진행되고 있는 작업이 일정 기간 동안 (for three years) 미래 어느 시점까지(by the time they finish it) 지속적으로 진행되는 것을 나타내기 때문에 미래완료진행시제가 적절하다.

21. 관계대명사 문제   답 D

교육 지침서는 신입 직원들이 회사 방침이나 절차에 관해 알아야 할 것들을 기술하고 있다.

➡ 동사 know의 목적어 역할도 하고, 선행사가 없이 명사절을 이끌기도 해야 하므로, 선행사를 포함하고 있는 관계대명사인 what이 정답이 된다. What은 the thing which의 의미로 생각하면 이해하기 편하다.

22. 부사 문제   답 C

세계 교육에 관한 이 다큐멘터리 필름은 몇몇 프로듀서들의 공동 작업으로 제작되었으며, 특별히 텔레비전 방송 목적으로 사용될 것이다.

➡ 'be+과거분사+_____+전치사구'의 구조에서 빈칸에 들어갈 수 있는 품사는 부사밖에 없다. 이 문장에서 expressively는 전치사구 for television broadcasting을 수식해준다.

23. 가정법 문제   답 C

케빈은 지름길로 가지 않아서, 목적지에 도착하는 데 3시간이나 걸렸다. 만약 그가 다른 길을 통해 갔다면 30분만에 도착했을 것이다.

➡ 과거사실에 대한 가정을 전제로 하기 때문에 가정법 과거완료(과거완료는 if+주어+had p.p, 주어+조동사 과거+have p.p)를 사용해야 한다.

24. 대명사/관계부사 문제   답 D

인터뷰하는 사람들은 여러분이 스스로를 표현하는 방법을 근거로 즉각적으로 여러분을 판단할 것이다.

➡ the way와 how는 같이 쓰지 않고, 'the way+주어+동사' 혹은 'how+주어+동사'로 쓴다. 또 자기가 스스로를 표현하는 것이므로 재귀대명사 yourself를 쓰는 것이 적절하다.

25. 관사와 어순 문제   답 B

해안가의 거대한 만년설이 놀라운 속도로 녹고 있는 그린랜드를 보십시오. 우리는 이러한 변화에 주의해야 한다.

➡ '~한 속도'는 at a rate가 되는데 '관사+부사+형용사+명사'의 순서가 되어야 하므로, at an alarmingly high rate가 정답이다. 속도(at the rate of, at the speed of), 나이(at, at the age of) 등에서 전치사 at을 쓰는 것을 기억해두자.

26. 가정법 문제   답 C

피터는 어제 도서관에서 그의 지갑을 잃어버려서 기분이 매우 안 좋다. 그가 화장실에 가지 않았더라면, 지갑을 잃어버리지 않았을 것이라고 생각한다.

➡ 과거사실에 대한 반대상황을 가정하고 있으므로 가정법 과거완료가 온다. 가정법 과거완료 형태는 'if 주어+had p.p, 주어+조동사 과거+have p.p'이다.

12회 정답 및 해설

1. 조동사 문제 답 C
전적으로 확신하는 것은 아니지만, 나는 내 친구가 나보다 우리의 새 사업을 더 잘 운영할 것이라는 생각이 들었다.
➡ 확신이 아니라 that절 이하를 의심하는 것이므로 빈칸에는 추측과 가능의 조동사 might, could, would 등이 적절하다.

2. 관계대명사 문제 답 D
그 직물 회사는 이윤을 내고 있었으며, 전문가들은 그 회사가 지방 정부의 보조금 없이도 살아남을 것으로 예상했다.
➡ 두 문장에서 공통된 부분이 첫 문자의 the detached clear-sightedness와 두 번째 문장의 it이므로 it을 관계대명사 which로 바꿔주면 되는데, 이때 전치사 with를 빠뜨리지 않도록 주의할 필요가 있다.

3. 분사 문제 답 B
석유 유출로 인해 피해를 본 모든 개체는 시민이나 기업이나 똑같이 보상받을 권리가 있다.
➡ All entities가 주어이고, are entitled가 동사이다. 따라서 빈칸은 주어를 수식하는 분사가 되어야 맞다. 수식하는 명사 All entities가 '불이익을 당한' 대상이므로 수동태를 나타내는 과거분사 (b)를 써야 한다.

4. 조동사/관용표현 답 C
아기를 위해 자기 몸을 건강하게 유지하는 것의 중요성은 아무리 강조해도 지나치지 않다.
➡ '아무리 ~해도 부족하다'라는 관용표현으로 'cannot+동사원형+enough'를 쓴다. 따라서 빈칸에는 cannot이 들어가면 된다. 비슷한 표현으로 'cannot+동사원형+too'가 있다.

5. 어순 문제 답 B
알라스테어 씨는 범죄행위로 인해서 이동의 자유를 박탈당해 영국을 포함한 몇몇 나라들로 여행할 수 없다.
➡ deprive A of B는 'A로부터 B를 박탈하다'라는 의미를 나타내는 표현이다. 문맥상 A에는 Mr. Alastair를 가리키는 대명사가 와야 하고 B는 그가 빼앗긴 권리인 his freedom of movement가 위치해야 하므로 (B)가 정답.

6. 분사구문 문제 답 A
마라톤으로 지쳐서, 그 주자는 지역 병원으로 급히 옮겨졌다. 시작 전에 컨디션이 좋지 않았지만, 그는 이를 무시했었다.
➡ 선택지로 보아 접속사와 주어 없이 절이 이어지고 있으므로, 분사구문이 된다는 것을 알 수 있다. 주절의 주어인 the runner가 분사구문의 주어가 되므로, 주어에 맞게 '지친'이라는 뜻이 되려면 Being exhausted가 되어야 하고, Being은 생략 가능하므로 (a)가 정답이 된다.

7. 관계사의 격 문제 답 B
1975년 무하마드 알리와의 싸움으로 록키 영화의

기반이 되었던 척 웨프너는 정확한 액수는 밝혀지지 않았지만 돈을 받고 합의했다.

➡ 문맥상 1975 fight라는 명사 앞에 들어갈 소유격이 적절하다. 위 문장의 Chuck Wepner가 주어, has settled는 동사가 되는데, Chuck Wepner를 수식하는 관계사 절에서는 1975 fight가 주어이고 became이 동사가 된다.

8. 동사 문제 답 B

한 남자가 나무 위의 고양이를 구출해달라는 자신의 요구를 거절당하자 소방관들에게 총을 쏘아 체포되었다.

➡ 동사 refuse 뒤에는 목적어로 to부정사가 와야 한다. 이 외에도 afford, learn, agree, manage, appear, need, arrange, offer, plan, claim, prepare, decide, expect 등도 to부정사를 목적어를 취한다.

9. 동사의 용법/시제 답 B

환경 고문은 양심상 해광 작업을 진행하는 것을 용납할 수 없었다.

➡ 동사 condone은 목적어로 동사가 올 때는 동명사 형태를 취하므로 일단 (c)와 (d)는 제외한다. 단순형 동명사(-ing)는 술어동사와 같은 시제 또는 그 이후의 시제를 나타내며, 완료형 동명사(having -ing)는 본동사 이전의 시제를 나타낸다. 여기서는 전자에 해당하므로 (b)가 정답이다.

10. 대명사 문제 답 A

연휴 쇼핑 기간의 소매업자들의 성과는 예전보다 미국 경제에 덜 중요하다.

➡ 비교 대상이 Retailers' performance이므로 단수대명사 it으로 받아야 한다.

11. 관계사 문제 답 D

맛있는 수프는 튀긴 고기로 만들 수 있는데, 거기에다 기름과 고깃국물이 끓인 보리에 첨가된다.

➡ 계속적 용법으로 쓰일 수 있는 것은 which와 where이다. which는 관계대명사, where는 관계부사이므로 빈칸 뒤에 어떤 문장이 오는지에 따라 적절한 것을 선택해야 한다. the fat and gracy가 주어이고 are added가 수동태 동사구로 완벽한 문장이 나와 있으므로 빈칸에는 관계부사가 적절하다.

12. 도치 문제 답 B

위생상의 이유로 어떤 경우에도 뚫은 귀에 사용하는 귀걸이는 반품이나 교환이 안 됨을 알려드립니다.

➡ that절 이하를 보면 부정어인 under no circumstances가 문두에 제시되었으므로 빈칸은 [동사+주어]로 도치되어야 한다. We는 문맥상 직접 허락하는 것이 아니라 받아들이도록 허락되는 것이므로 수동태가 되어야 한다. 따라서 are we allowed가 적절하다.

13. to부정사 용법 답 B

암으로 사망하기 전에 우고 차베스는 자신을 계승할 니콜라스 마두로를 당 대표로 지명했다.

➡ 동사가 앞에 있는 명사를 수식하는 형용사 역할을 하려면 to부정사 형태를 취해야 하므로 (b)가 정답이다.

14. as의 용법 문제 답 A

흙으로 된 제방은 대규모 홍수 때 비록 쉽게 붕괴되긴 하지만 특히 기후 변화의 영향에 취약하다.

➡ 양보의 뜻을 가진 〈형용사+as+주어+동사〉 구문

을 묻는 문제이므로 (a)가 정답이다. 참고로, 형용사 자리에 부사나 무관사 명사도 올 수 있으며 이 때의 as는 though의 뜻이다.

15. 시제 문제   답 D
윌슨은 로맨틱 영화를 보는 것을 좋아한다. 그가 지난주부터 영화를 같이 보러 가자고 한 것이 그러한 이유 때문이다.

➡ since가 이끄는 시간부사구를 통해서 과거시점을 기준으로 지금까지 진행된 동작이라는 것을 알 수 있다. 따라서 현재완료진행형이 오는 것이 적당하다.

16. 미래완료 문제   답 D
오늘 밤 헬렌은 댄스 대회에 참가하기 위해 일본행 비행기를 탈 것이다. 그녀는 1등을 하기 위해 단단히 벼르고 있다고 친구들에게 말했다. 나는 그녀가 내일 오전 10시까지 경기장에서 연습을 하고 있을 것이라고 확신한다.

➡ 미래의 한 시점(by 10 a.m. tomorrow)까지 특정 동작이 계속되고 있는 상태를 의미한다. 따라서 미래완료진행형이 오는 것이 맞다.

17. 접속사 문제   답 D
한 어린 남자아이는 아이스크림을 많이 먹고, 아이스크림을 다 먹기 전에 복을 소다.

➡ 아이스크림을 다 먹기전 복통을 호소한 것이 논리적으로 알맞기 문, before라는 전치사를 사용하는 것이 적합하다.

18. 가정법 문제   답 A
존은 어제 개봉한 영화를 보고 싶었다. 운이 나쁘게도, 어제 비가 내려서 그는 집에서 책을 보았다. 비가 오지 않았더라면, 그는 영화를 보러 갈 수 있었을 것이다.

➡ 과거사실에 대한 가정을 전제로 하기 때문에 가정법 과거완료(if+주어+had p.p, 주어+조동사 과거형+have p.p)를 사용해야 한다. 조동사 중에서 가능성을 나타내는 could가 적절하다.

19. 접속사 문제   답 B
새라는 세부로의 여행을 꿈꾼다. 그러나 불행히도 그녀와 탐은 재정적인 문제로 인해 여행을 갈 수가 없다. 자신들이 새로운 장소에 있다는 것을 상상하기 위해 새라는 탐에게 방의 인테리어를 바꾸게 한다.

➡ so that ~ can~(~해서 ~할 수 있다) 구문이 사용된 것이다. 고정격식이기 때문에 기억해두면 문제 풀 때 편하게 사용할 수 있다.

20. 시제 문제   답 D
로빈은 호텔서비스에 만족하지 못하고 있고, 그들에게 환불을 요청하고 있다. 그는 전반적인 서비스에 대한 변화를 요구하기 위해 매니저에게 편지를 쓰고 있는 중이다.

➡ 부사 o와 같이 쓰여서 현재 진행 중인 일을 나타내다.

21. should 생략 관련   답 A
그 여자 의사는 자신의 환자를 포기하고 싶지 않았다. 그녀는 가능한 한 모든 치료를 하라고 지시했다. 결국 그 환자는 호전되었고, 그 의사는 안심하였다.

➡ order가 사용된 구문에서 that절 안에는 동사원형이 사용된다. 그리고 remedy는 사람이 아니기 때문에 동사가 수동형이 되어야 한다.

22. 의문대명사 문제 답 D

밖이 매우 더움에도 불구하고, 사람들은 멋진 차의 문이 열리는 것을 기다리고 있다. 그들은 다음에 누가 레드카펫을 밟을 것인지에 대해서 매우 궁금해하고 있다.

➡ 의문대명사 자리에 사람이 와야 하므로, who가 사용되는 것이 적당하다.

23. 관사와 명사 문제 답 C

참나무를 오랫동안 살 수 있게 하는 것 중 하나는, 그들이 폭풍 피해에 대해 저항력이 강하다는 사실이다. 다른 나무들과 비교해서, 그들은 강한 폭풍을 견딜 수 있다.

➡ '시간'이라는 의미의 time은 원래 have time처럼 셀 수 없는 명사로 쓰이지만, time을 수식해 주는 형용사가 있을 때는 '어떤 특정한 시간'이라는 뜻이 되어, a good time, a bad time, a long time처럼 쓰이게 된다.

24. certain의 용법 답 A

경찰은 그 공격을 한 범인들을 확실히 알아낸 듯하다. 그들의 얼굴로부터 사람들은 그들이 실마리를 찾았다는 것을 알았다.

➡ 'certain (that)+주어+동사' 또는 'certain of+(동)명사'로 쓸 수 있다. 즉, The police seem very certain of finding the culprits라고 해도 된다. 빈칸 뒤의 culprits와 responsible 사이에는 who are가 생략되었다고 볼 수 있다.

25. 가목적어/진목적어 문제 답 A

인터넷은 이 전자 지구촌에서 사람들이 정보와 전문지식을 쉽게 교환하도록 해주었다.

➡ 보통 진목적어로는 to부정사, 동명사, 명사절 등이 올 수 있는데, 빈칸 앞에 to부정사의 의미상의 주어인 for people이 나와 있으므로 정답은 to exchange가 될 수밖에 없다.

26. 주어/동사 일치 문제 답 B

최근에 발표된 조사 결과에 따르면, 결혼한 사람 3쌍 중 1쌍꼴로 이혼한다고 한다. 이는 많은 국가들이 공통적으로 가지고 있는 문제이다.

➡ one in every three marriages가 주어인데, one 뒤에 오는 in every three marriages는 전치사구로 one을 수식해 주고 있다. 주어가 one으로 3인칭 단수이므로 동사도 ends로 일치시켜 줘야 한다.

13회 정답 및 해설

1. 접속사 문제　　답 D
할아버지께서는 우리를 위해 겨울 휴가 계획을 세우고 계신다고 말씀하셨다. 하지만 아버지는 할아버지께 자신이 휴가를 보내러 다니기 힘들 것 같다고 했다. 그러나 할아버지는 여행이 너무 길지만 않으면, 갈 수 있다고 했다.
➡ '~하는 한'이라는 의미의 (D)가 적절하다.

2. 시제 문제　　답 C
버나드는 오늘 아침의 그의 어머니를 기차역에 모셔다드리지 못할 것이다. 그는 8시 30분에 힐튼 호텔에서 세미나에 참석하고 있을 것이라고 그의 어머니에게 말했다.
➡ 세미나를 하는 시점은 미래이며, 계획 중에 있음을 알 수 있다. 그리고 정확한 시점(at 8:30) 당시에 세미나를 하고 있기에 진행형을 사용해야 한다.

3. 가정법 문제　　답 D
제주도의 경제는 여행업에 의존하고 있다. 만약 여행자들이 제주도 여행하지 않기로 결정한다면, 그 도시는 살아남지 못할 것이다.
➡ 현재사실의 반대를 나타내는 가정법 과거형 문제이기 때문에 if절에는 과거동사, 주절에는 〈조동사의 과거형+동사원형〉이 온다.

4. should 생략 문제　　답 B
학생이 그의 연구에서 이상한 결과에 도달했을 때, 교수님은 그에게 연구를 다시 수행할 것을 제안했다.
➡ suggest가 사용된 구문에서는 that 이하에 (should) 동사원형이 오는 것이 적절하다.

5. 현재완료 문제　　답 D
존은 그가 매일 서울 주변으로 운전하는 서울 택시 회사에서 택시기사로 일한다. 그는 지금까지 거의 5년간 회사를 위해 일해 왔다.
➡ 기간을 나타내는 시간부사구인 for almost ten years를 통해서 완료표현이 사용된다는 것을 알 수 있으며, now를 통해 현재에도 진행되고 있는 사항임을 알 수 있다. 따라서 현재완료진행형인 (D)가 정답이다.

6. 동사의 형태 문제　　답 C
새로 들여올 책들을 위한 공간을 만들기 위해 치워야 하는 책상이 오래된 책들로 덮인 채 현관 정면에 놓여 있다.
➡ 'There+동사+주어'로 완벽한 문장 뒤에 연결되는 형태이므로 분사나 관계사절이 올 수 있다. Table은 책으로 '덮인' 것이므로 수동의 의미가 된다. 따라서 which is covered에서 which is가 생략되어 과거분사 covered로 수식하는 형태가 된다.

7. 관계대명사 문제　　답 D
무역 이득은 OECD 회원국들이 제공한 외국 원조를 능가할 것이다. 사람들은 이 추세가 지속되기를 희망한다.

➡ 두 문장을 연결하는 접속사 구실을 하면서, 자신이 이끄는 문장 안에서 are의 주어 역할을 해야 하므로, 빈칸에는 주격 관계대명사가 와야 한다. Countries가 사람이 아니므로 which가 오는 것이 적절하다.

8. to부정사 문제 답 D

생계를 위해 그녀는 지하실에 몇몇 학생들에게 세놓았다. 직장을 그만둬서, 그녀에게 도시에서 살아가는 것은 어려운 일이었다.

➡ 문맥상 '생계를 유지하기 위해서'라는 뜻이므로 (d) To make ends meet이 적절하다. 이 경우 in order to~/So as to~도 가능하다.

9. 조동사 문제 답 B

대통령은 잠재적으로 문제가 될 수 있는 연구에 자금을 대주었을 수도 있는 법안을 거부했다. 사람들은 그것이 문제가 될 수도 있었기에 좋은 선택이라고 말했다.

➡ 대통령이 법안을 거부하지 않았더라면, 그 법안으로 인해 아마도 연구에 자금이 지원되었을 것이다. 그러나 이미 대통령은 법안을 거부했고, 이 추측은 과거의 사실에 반대되는 가정이 된다. 과거의 지난 일에 대해 '~했을지도 모를텐데'라는 의미로는 might+have+p.p 사용.

10. 관계사 문제 답 D

자녀 양육은 어떤 수준에서든 비용이 많이 들지만, 입양은 맨 처음에 돈이 많이 드는 특별 목록이 있어서 매우 도전적일 수 있다.

➡ 선행사가 costs이므로 관계대명사 which 혹은 that이 적절하다. (a) as는 유사관계대명사로 You have the same watch as I do처럼 선행사에 the same이나 as 등이 올 때 쓸 수 있다.

11. 부사 문제 답 B

제인은 칼이 뭐가 대단해서 자신을 이토록 미치게 만드는지에 대해서 생각해보려고 노력했다. 그녀가 이런 느낌을 받은 것은 처음이다.

➡ 형용사를 수식하는 부사를 골라야 한다. This는 '이토록', that은 '그렇게'라는 뜻의 부사로 쓰일 수가 있다. 예를 들어, I don't think she is that stupid(나는 그녀가 그렇게 바보는 아니라고 생각해.)처럼 쓰일 수가 있다.

12. 도치 문제 답 B

그는 1967년 볼리비아 군대에 의해 암살당했지만, 그의 유해는 30년이 지나고 나서야 조국인 쿠바로 돌아올 수 있었다.

➡ 'Not until~동사+주어' 도치 구문이다. 앞에 not until thirty years later란 표현이 없었다면, his remains were returned가 알맞은 어순이다.

13. so~that 용법 답 D

그 음악은 너무 좋아서 모든 사람들이 좋아하게 되었다. 그래서 사람들은 그 음악가의 앨범을 샀고, 그와 같이 사진을 찍었다.

➡ so~that 구문은 'so+형용사+that+S+V'로 '매우 ~해서 ~하다'라는 뜻이 된다. Such의 경우 'such+(관사)+명사+that+S+V'로 쓰이는데, 예를 들어 it was such a big tree that no one could climb it처럼 쓰인다.

14. 분사 문제 답 C

아파트 위층에서 나는 소란한 소리 때문에 화난 남자가 창밖으로 몸을 내밀었다가 떨어지고 있는 이웃 사람을 잡게 되었다.

➡ 목적보어로는 명사나 형용사 또는 분사가 올 수 있다. 직접 이웃 사람을 잡았으므로 현재분사 형태

가 적절하다. 예를 들어 he found himself caught in traffic.(그는 교통 혼잡에 발이 묶이게 되었다는 것을 알게 되었다.)처럼 자신이 하는 것이 아니라 당하게 되면 caught와 같은 과거분사가 적절하다.

15. 수 일치 문제 　　　답 A
미국 경제에 대한 전망이 밝음에도 불구하고, 소비자들은 지속적인 금리 인상의 장기화라는 새로운 재정적인 부담에 막 직면하고 있다.
➡ 빈칸의 동사는 주어는 복수명사 prospects이고, for the American economy는 주어의 수식어구이다. 전망을 뜻할 때는 복수형으로 쓰며, 따라서 정답은 (a)이다.

16. 어순 문제 　　　답 B
호화로운 휴가를 바라고 계신다면, 트루로 시 근교에 있는 저희의 널찍한 해안가 별장을 하나 임대하세요.
➡ 소유격이 포함된 형용사구의 어순을 묻는 문제이다. 형용사 spacious는 빈칸 뒤의 beach houses를 수식하는 것이 자연스러우므로 (a),(b) 중에서 답을 고를 수 있다. 소유형용사는 관사나 지시형용사(this, that), 수량형용사(some, any, every), 수사(기수, 서수) 등과 나란히 쓸 수 없으므로, (b)가 정답이다.

17. 재귀대명사 문제 　　　답 A
그 자선단체의 직원들은 곧 있을 기금 마련 행사에 대한 광고 캠페인을 직접 준비할 계획이다.
➡ 재귀대명사는 '스스로, 몸소'라는 강조의 의미로 쓰일 수 있다. their own은 'on their own'으로 써야 '스스로'라는 의미가 될 수 있다.

18. 동명사 문제 　　　답 B
야영객들은 이웃의 사생활을 존중하여 다른 야영지를 통과하여 지름길로 가로지르는 것을 삼가야 한다.
➡ 빈칸 앞에 전치사 from이 있으므로 동명사인 (b)와 (d)가 가능하다. 완료형은 본동사(respect)보다 먼저 일어난 일을 뜻하는데, 여기서는 해당 사항이 없으므로 (b)가 정답이다.

19. 동사의 형태 문제 　　　답 D
교장은 어떤 무기도 학교에 들어올 수 없도록 하기 위해서 기꺼이 금속탐지기를 설치하겠다고 발표했다.
➡ announced라는 문장 전체의 동사가 있고, that절에도 would be라는 동사가 있으므로 빈칸에는 준동사가 들어가야 한다. 문맥상 '~하기 위해서'라는 뜻이 되어야 알맞으므로 목적을 나타내는 to부정사인 (d)가 들어가야 알맞다.

20. 한정사 문제 　　　답 C
지도 강사가 바라는 것은 참가자들이 소프트웨어와 그것의 잠재성을 더 잘 이해하고 떠나는 것이다.
➡ 명사 potential을 수식하는 알맞은 한정사를 고르는 문제이다. 문맥상 '그 소프트웨어의'하는 말이 와야 하므로 소유격 대명사 (c) its가 적절하다.

21. 관계대명사 문제 　　　답 A
V-네트워킹 사는 방문객이 가장 많은 기업 논평 사이트인 Business Today.com과 계약을 맺었는데, 그 가격은 아직 발표되지 않았다.
➡ 적절한 관계대명사를 선택하는 문제이다. 빈칸 뒤의 price는 price of the deal, 즉 앞서 언급된 '계약의 가격'이라는 의미가 되어야 하므로, 소유격 관계대명사가 쓰이는 것이 자연스럽다. 따라서 정

답은 whose이다.

22. 태/수 일치 문제 답 C

잔 웅의 신간, 〈베이징 컨피덴셜〉은 중국의 수도에서 일어나는 변화에 관한 흥미로운 연구서이다.

➡ 선행사가 the changes로 사물이므로 관계대명사는 which 혹은 that 둘 다 가능하다. 선행사가 복수이므로 동사는 복수 형태가 와야 한다. 그리고 occur는 자동사로 수동태를 쓸 수 없으므로 정답은 (c)다.

23. 미래완료 문제 답 D

해양 생물학자 팀은 돌고래에 대해 연구를 하고 있다. 그들이 2020년에 연구를 마칠 때쯤이면 10년이 넘는 기간 동안 포유류 연구를 진행하고 있을 것이다.

➡ by the time they finish their study in 2020를 통해서 미래표현을 나타내고 있고, for more than ten years를 통해서 완료형이 와야 한다는 것을 알 수 있다. 둘을 다 고려해서 미래완료진행형이 오는 것이 적당하다.

24. 접속사 문제 답 B

비록 날씨가 좋지만, 학생들은 밖에 나가서 휴식을 취할 수가 없다. 이는 기말고사 기간이 곧 다가오기 때문이다.

➡ 앞뒤로 내용이 상반되는 것을 알 수 있기 때문에, '비록 ~임에도 불구하고'라는 뜻을 가진 'Although'를 골라주는 것이 적합하다.

25. 시제 문제 답 B

김 씨는 요즘 건망증이 심하다. 어제저녁, 지갑이 주머니에 있다는 것을 깨닫기 전까지 한 시간 동안이나 집 전체를 찾아다니고 있었다.

➡ 지갑을 찾은 시점은 과거이고, 그 과거 행동을 하기 전부터 일정기간 동안(for an hour) 지갑을 찾았기 때문에 과거완료형이 적당하다. 또한 그 시점 당시 지갑을 찾는 중이었기 때문에 진행형으로 표현하는 것이 맞다.

26. 가정법 문제 답 C

노인과 가난한 사람들을 위한 많은 프로그램들은 정부기금에 의지한다. 만약 정부가 그 프로그램들에 대해서 충분한 재정지원을 하지 않는다면, 많은 프로그램들이 사라질 것이다.

➡ 현재사실에 대한 가정인 가정법 형에서는 주절에 〈조동사의 과거형+동사원형〉이 온다.

14회 정답 및 해설

1. 시제 문제   답 D
케이트는 다음 달 그녀의 24번째 생일 고대하고 있다. 생일 선물로 그녀의 부모님은 그녀를 로마로 1주일간 홀로 여행을 보내줄 것이다.

➡ 말하는 시점 이전에 계획된 가까운 미래의 일을 나타낼 때에는 현재진행형을 사용할 수 있다.

2. 현재완료 문제   답 C
내 옆집 이웃인 라이언 부인은 훌륭한 예술 선생님이다. 이웃에 있는 많은 아이들이 그녀에게 예술을 배운다. 그녀는 내가 기억하는 한 오랫동안 예술 레슨을 해왔다.

➡ for as long as I can remember를 통해서 완료시제가 사용되는 것을 확인할 수 있고, 과거에서부터 현재까지 지속적으로 레슨을 하고 있는 것이기 때문에 진행형이 적합하다.

3. 가정법 문제   답 B
샐리는 어젯밤 데이트에 늦어서, 영화 개봉의 시작 부분을 볼 수 없었다. 만일 15분 일찍 도착했다면, 영화의 가장 낭만적인 장면을 놓치지 않았을 것이다.

➡ 과거 사실에 대한 반대상황을 가정하고 있으므로, 가정법 과거완료 사용이 적당하다.

4. 관계사 문제   답 B
대부분의 재능이 있는 예술가들이 부유한 집안 출신이라는 것을 알게 되었다. 그들은 재정적으로 문제가 없기 때문에, 그들의 예술적 기술을 완벽하게 발달시키는 데 전념할 수 있다.

➡ which는 종속절을 도입하는 역할을 하고 있으며, 종속절은 앞 주절의 내용에 따른 결과를 나타내고 있다. 따라서 이유를 나타내는 관계사가 쓰인 (B)가 정답이다.

5. 가정법 문제   답 C
Tom 씨는 죽기 전에 자신의 생활비를 정부 단체들에 의지했었다. 그를 알던 사람들은 그가 도박에 돈을 다 써버리지 않았더라면, 보다 나은 삶을 살 수 있었을 것에 아쉬워했다.

➡ 과거사실에 대한 가정을 전제로 하기 때문에 가정법 과거완료(if+주어+had p.p, 주어+조동사 과거+have p.p)를 사용해야 한다. 조동사 과거 중에서 가능성을 시사하는 could가 포함된 could have lived가 적합하다.

6. 접속사 문제   답 C
네가 원할 때 언제든지 우리와 함께 수영을 할 수 있다. 우리 스스로를 활기차게 해야 할 시기이기 때문에 우리는 이번 주말을 쉰다.

➡ 앞뒤 문맥을 의미상 잘 연결할 수 있도록 도와주는 접속사는 '원인-결과'를 설명하는 데 사용할 수 있는 'because'가 적합하다.

7. 요구, 주장 동사 관련   답 A
그 고고학자는 발견되기를 기다리는 대단한 발견들이 많이 존재한다고 믿고 있다. 그는 연구분야의 발전을 위해 많은 지역들이 탐사되어야 한다고 제안하고 있다.

➡ suggest 구문에서 that절의 동사는 (should) 동사원형의 형태로 사용된다. Places는 사람이 아니기 때문에, explore 당하는 입장이며, 따라서 수동태를 사용한다.

8. 조동사 문제　　답 C

탁아시설에 대한 보조금은 미국인들이 내기에 부담스러운 비용이다. 그래서 그들은 그들의 아이들을 보내기 위해 더 저렴한 장소를 찾고자 노력하고 있다.

➡ '~할 여유가 있다'는 can afford, '~할 여유가 없다'는 cannot afford라고 한다. Afford 뒤에는 명사 혹은 to부정사가 올 수 있다. 참고로 expense는 셀 수 있는 명사이므로 an expense로 썼는데, an expense와 Americans 사이에는 목적격 관계대명사 that이나 which가 생략된 것이다.

9. 관계사 문제　　답 D

그 남자는 인생에서 많은 좌절을 겪은 듯한 사람처럼 보였다.

➡ 선행사가 someone으로 사람이고, 빈칸 뒤에 동사가 왔으므로 빈칸에는 주격 관계대명사 who가 적절하다. Whoever는 '누구든지'라는 뜻이므로 문맥상 답이 될 수 없다.

10. 관계사 문제　　답 C

우리 법률회사는 법률에 관한 도움이 필요하지만, 경제적으로 그럴 능력이 없는 사람들을 위해 무료 서비스를 실시합니다. 이는 변호사들이 무언가 도움되는 일을 했다는 느낌을 줌으로써 그들을 만족하게 해줍니다.

➡ 일단 '도움이 필요한 사람을 대상으로' 또는 '그들을 위하여'라는 의미가 되어야 하므로 전치사는 for가 적절하다. '~한 사람들'이라는 의미를 지니는 표현은 those who이다.

11. 분사 문제　　답 B

현재 법에는 주당 37.5시간을 초과하는 근로자에 대하여 정규 임금의 1.5배에 해당하는 초과 근무 수당을 지불하도록 명시되어 있다.

➡ that절 이하에서 employees가 주어이고, must be paid가 동사이다. 따라서 빈칸은 employees를 수식하는 부분이 되므로, 분사 형태가 적절하다. 근로자들이 직접 일을 하는 것이므로 현재분사인 working을 골라 주면 된다.

12. 동사의 용법　　답 C

일류 학교에 입학한 자들은 매일 일정 시간을 자신이 배웠던 내용을 복습하는 데 보냈다고 말했다.

➡ 〈spend time (in) -ing(~하는 데 시간을 보내다)〉라는 관용 표현을 알고 있다면 쉽게 풀 수 있는 문제이다. 따라서 정답은 (c)reviewing이다.

13. 조동사 문제　　답 B

악기를 살 때는 신중해야 한다. 왜냐하면, 많이 사용하지 않을 물건에 많은 돈을 쓰고 싶지 않기 때문이다.

➡ 알맞은 조동사를 고르는 문제이다. 문맥상 빈칸에는 일반 동사의 부정문을 만드는 (b) do not이 적절하다.

14. time의 용법 문제　　답 B

온라인 학위 프로그램에 성공하기 위해서는 학습 과제를 완수하기 위한 시간을 일정 확보하는 데 철저해야 한다.

➡ time은 기간을 표현할 때는 가산명사로 쓰이며,

온라인 강의는 1회성 수업이 아닐 것이므로 '수차례에 걸친 어느 정도의 시간들'을 의미하는 (b)가 정답이다.

15. 동사의 형태 문제　　답 A

그 연구 결과는 확인되면, 우주생물학 분야에서 지대한 결과를 가져오게 될 것이다.

➡ 빈칸 앞에 접속사 if가 있으므로 원래는 '주어+동사'로 이루어진 절이 나와야 맞다. 하지만 형태상으로 옳은 것처럼 보이는 (c)에서 they는 The study's findings를 가리키므로 수동태가 되어야 맞다. If they are confirmed에서 주어와 be동사를 생략한 형태인 (a)가 정답이다. 시간이나 조건을 나타내는 부사절에서는 주어와 be동사를 생략할 수 있다.

16. 관사 문제　　답 C

지난 몇십 년 동안 그리스는 서유럽 탐험가들이 국경 너머로 탈취해간 수백 점의 공예품을 반환해 달라고 요구했다.

➡ 물질·추상·고유명사는 원칙적으로 정관사를 사용할 수 없으나 수식어구로 한정될 경우에는 정관사 the를 붙여야 한다. 여기서는 추상명사 return이 hundreds of artifacts의 제한을 받으므로 그 앞에 the가 붙은 (c)가 정답이다.

17. 동사 관련 문제　　답 B

CT 스캔을 보면 왼쪽 귀밑샘 깊은 곳에 생긴 거대한 지방종이 확실히 보인다.

➡ The computed tomography (CT) scan이 주어이고 showed가 동사, 그리고 a well-defined giant lipoma가 목적어이므로 빈칸에는 분사가 들어간다는 것을 알 수 있다. arise는 자동사이므로 현재분사인 (b) arising이 적절하다.

18. 태 문제　　답 C

오랫동안 인간에 의해 영리한 동물로 여겨졌던 돌고래들이 도구를 사용한다는 것을 알게 되어도 크게 놀랄 일이 아닐 것이다.

➡ 빈칸에 들어갈 동사의 주어는 dolphins이고, 돌고래가 도구를 사용한다는 점이 '밝혀진' 것이므로 수동태를 사용해야 한다. 따라서 정답은 ⓒ이다.

19. 조동사 및 태 문제　　답 A

다음 달에 초과근무를 하겠다는 요청서를 작성해서 내일까지 제출해야 합니다. 그렇지 않으면 승인되지 않을 것입니다.

➡ 문맥상 '~해야 한다'는 뜻이 와야 어울린다. (c)의 could를 제외하고 must, ought to, need 모두 이런 의미로 쓰일 수 있다. 하지만 주어가 Requests (요청)이므로 '작성되다'는 뜻의 수동태가 되어야 하므로 (a)가 정답이 된다.

20. 관계대명사 문제　　답 D

아부다비의 정부가 기금을 제공했는데, 그 기금이 없었더라면 건설 사업은 여전히 완공을 기다리고 있을지도 모른다.

➡ 문맥상 빈칸에는 '그 기금이 없었더라면'이라는 뜻이 들어가야 한다. 반복되는 명사 funding을 선행사로 하는 계속적 용법의 관계대명사 which를 쓴 (d)가 정답이다.

21. 분사 문제　　답 D

담배 연기가 모닝 바게트 위를 맴도는 모습은 프랑스 외의 다른 지역에서는 찾아볼 수 없다.

➡ [With + 목적어 + 목적보어] 구문이다. 연기가 '올라가는' 것이지 올라가지는 것이 아니므로 진행과 능동의 의미를 가지는 현재분사인 drafting이 적절하다.

22. 동명사/태 문제 답 A

그들은 매표소 밖에서 하루 종일 줄은 서서 기다리는 한이 있더라도 하나 몬타나 콘서트 표를 꼭 구하기로 결심했다.

➡ mean의 목적어로 동명사가 적절하다. 그들이 직접 기다리는 것이므로 능동형이며, '이미 기렸다'가 아니라 '기다린다'는 것이므로 단순 동명사 waiting이 답이 된다.

23. 분사구문 문제 답 A

공세에 시달리는 국회의원은 많은 보수 단체의 지지를 잃자 사퇴하는 것 외에는 달리 방도가 없음을 느꼈다.

➡ 모든 선택지에 접속사가 없는 걸로 보아 빈칸에는 절과 절을 연결해주는 분사구문이 올 자리이다. 물론 to부정사도 올 수 있지만 (c)는 의미상 말이 되지 않는다. 보수 단체의 지지를 잃은 것이 사퇴할 수밖에 없음을 느낀 것보다 앞선 시제이므로 빈칸에는 완료형 분사구문인 (a)가 적절하다.

24. 어순/태 문제 답 D

격분한 소수 집단은 그것들이 미래의 약속된 개선점이라 하더라도 진정되지 않을 것이다.

➡ 조동사가 있는 문장의 부정문은 〈주어+조동사+not+동사원형〉의 어순이며, 주어(minority groups)가 진정되는(Be appeased) 것이므로 수동태를 쓴 (d)가 정답이다.

25. 시제 문제 답 C

낸시는 큰 회사에서 관리직 자격 인터뷰를 봤다. 마침내 그녀가 합격했다는 소식을 들었을 때 그녀는 3주가 넘는 기간 동안 기다리던 중이었다.

➡ 합격통지서를 받은 시점은 과거이며, 과거 이전부터 일정기간 동안 소식을 기다리고 있었기 때문에 과거완료형이 적당하다. 또한 소식을 기다리는 것은 지속적인 것이기 때문에 진행형을 사용한다.

26. 시제 문제 답 B

테리는 오늘 오후 회의에서 CEO들을 대상으로 한 발표를 하는 동안 매우 긴장했다. 그들은 그의 잘 준비된 발표에 만족해서 그에게 다음 주에 이사진 앞에서 발표하기를 요청하고 있는 중이다.

➡ 부사 now와 함께 사용되어 지금 진행되고 있는 일을 표현하고 있기 때문에, 현재진행형을 사용하는 것이 적절하다.

15회 정답 및 해설

1. 시제 문제 답 A
오늘날 세계에서는 스마트 기술이 추세가 되고 있다. 생각을 해보면, 바쁜 생활을 하고 있는 사람들에게 그들이 어디에 있던지 일을 하고, 소통할 수 있기 때문에 아주 중요하다.

➡ 현재 사실에 대한 설명을 하고 있으며, 문제 전체가 현재 시제이기 때문에 시제를 일치시켜줄 필요가 있다.

2. 가정법 문제 답 C
그의 여동생으로부터 특별히 주의를 기울이라는 끊임없는 조언에도 불구하고, 맥스는 또 지갑을 잃어버렸다. 맥스가 그녀의 말에 귀를 기울이기만 했다면, 그는 그의 신용카드를 잃어버리지 않았을 것이다.

➡ 과거사실에 대한 반대상황을 가정하고 있으므로 가정법 과거완료 사용이 적절하다. 가정법 과거완료의 형태는 'if+주어+had p.p, 주어_조동사의 과거형+have p.p'이다.

3. 시제 문제 답 D
레몬 씨가 팀 씨의 후임자로 외주업체의 최고경영자가 되고 나서, 판매가 크게 증가했다. 레몬 씨는 현재 고용인력 증대와 다른 지역들로 회사 규모를 확장하는 것을 고려하고 있는 중이다.

➡ 시간부사 now를 통해 현재 진행되고 있는 일이라는 것을 알 수 있다.

4. 접속사 문제 답 B
이 교수님은 대학원 학생들에게 신흥시장에 대한 보고서를 제출하라고 했다. 그는 학생들에게 일요일까지 보고서를 제출하지 않으면, 그의 수업을 통과할 수 없다고 말했다.

➡ 조건부사절을 이끄는 접속사는 if~not의 의미를 가지고 있는 unless가 오는 것이 맞다.

5. should 생략 문제 답 A
우리는 우리의 친구들이 자랑스럽고, 그들이 좋은 대학에 입학하기를 바란다. 그들이 서울대학교나 고려대학교에 들어가는 것이 우리가 바라는 바이다.

➡ desire가 판단, 필요, 당위의 의미를 갖는 단어의 범주에 포함되기 때문에 that절에는 동사원형이 사용된다.

6. 현재완료 문제 답 B
국제 농구 이사회는 로빈에게 다른 선수를 때린 것에 대해서 3개월의 출전정지를 내렸다. 그는 지금까지 거의 일주일 동안 이사회에게 재고해 달라고 간청하고 있다.

➡ for almost a week now를 통해서 완료형이라는 것을 알 수 있다. 그리고 출전정지 결정이 난 시점부터 지금까지 지속적으로 간청하는 것이므로 진행형이 사용되어야 한다.

7. 가정법 문제   답 C

케빈은 다음 주까지 제출할 기말 리포트의 주제를 아직 정하지 못했다. 만약 그가 자리에 앉아서 생각을 더 하면 예상보다 더 빨리 과제를 마무리 할 수 있을 것이다.

➡ 현재사실의 반대를 나타내는 가정법 과거형 문제이다. if절에는 과거동사, 주절에는 '조동사의 과거형+동사원형'이 와야 한다.

8. 분사 문제   답 B

배가 아팠지만 실례를 하기 싫어서 식탁에 계속 앉아 있어야 했다.

➡ 빈칸 앞에 완벽한 문장이 왔으므로 빈칸에는 '접속사+주어+동사' 혹은 분사구문이 적절하다. 따라서 because I didn't want 혹은 not wanting이 올 수 있다. 내가 직접 원하는 것이므로 능동의 형태인 wanting이 되고 분사구문의 부정은 not을 -ing 앞에 붙이므로 정답은 (b) not wanting이 된다.

9. 태와 시제 문제   답 A

수출업자나 생산자가 비정상적으로 많은 양의 제품을 수출하기 시작했다고 제소자가 생각할 때 긴급 상황임을 주장할 수가 있다.

➡ 주어가 Critical circumstances로 '주장되어지는 것'이므로 수동태가 적절하다. If 이하의 경우에는 '주장되어질 수 있다'라는 뜻이기 때문에 시제는 현재 시제가 적절하다.

10. 접속사 문제   답 A

많은 전통적인 부모들은 얼마나 아이들을 잘 통제할 수 있느냐로 자녀 양육의 성패를 판단한다. 그러나 근대적인 부모들은 그들의 의견에 반대한다.

➡ 빈칸 앞뒤로 서로 상반되는 주장이 제시되고 있기 때문에, however와 같은 역접 접속사가 오는 것이 맞다.

11. 주어/동사 일치의 태   답 C

정원 담장의 위와 아래에 소금을 뿌리면 달팽이들이 담장을 오르내리는 것을 막아준다고 한다.

➡ 동명사 Sprinkling이 주어이므로 단수로 취급해야 하고, 소금 뿌리는 것이 주어이므로 문맥상 '~라고 전해진다'는 뜻이 되어 수동태가 적절하다.

12. 태 관련 문제   답 C

아프리카를 위한 음악 TV 채널 방송 개시가 MTV에 의해 내달 시작될 것이다. 아프리카 사람들에게는 흔하지 않았기 때문에, 사람들이 그것에 놀랐다.

➡ 다음 달에 시작할 것이므로 미래의 의미를 나타내는 'be to부정사' 용법이 적절하다. Take place는 '벌어지다'라는 뜻으로 수동태로 착각하기 쉽지만 항상 능동태로만 쓰인다.

13. 동사의 수와 시제   답 C

KFA는 지난주 초에 10명으로 구성된 원본 명단에서 네 명의 최종주자를 선발하고, 그 이름을 발표했다.

➡ 주격 관계대명사 뒤에 이어지는 동사는 관계대명사가 지시하는 선행사와 수와 태를 일치시켜야 한다. 선행사인 the four finalists는 본래 10명에서 '선발된' 것이므로 수동형이 맞다.

14. 관사 문제   답 A

언론기관들이 버락 오바마를 미국의 다음 대통령으로 선언했을 때, 시카고 그랜트 공원과 근처에 모인 20만 명이 넘는 군중은 비명과 탄성을 터뜨렸다.

➡ 일반적으로 신분이나 관직을 나타내는 명사가 보어로 쓰일 때 관사를 생략하지만, 수식어구인 next가 '순서나 배열이 바로 다음인'을 의미할 때는 정관사 the를 붙인다.

15. 관계사 문제 답 C
열대 우림이 없으면 공기 중에는 이산화탄소가 더욱 많아지는데, 이로 인해 열이 갇힌다. 지구온난화는 심각한 문제가 되어가고 있다.

➡ 빈칸 뒤의 traps가 동사이므로 빈칸에는 뒷문장의 주어 역할을 하는 주격 관계대명사 which가 필요하다. 관계대명사 that은 계속적 용법으로 쓰이지 않고, what은 선행사가 없을 때 쓰이는 관계대명사이다.

16. 주어/동사 일치 문제 답 D
각 컨퍼런스 참가자들에게 개최장소로 오는 길 안내와 자세한 행사 일정표가 전달되었다.

➡ 동사가 단수형인 has이기 때문에 대명사로 쓸 수도 있으면서, 단수로 취급받을 수 있는 each가 주어 자리에 와야 한다. Every는 형용사로만 쓰이기 때문에 답이 될 수 없다.

17. 관계대명사 문제 답 D
기자가 정보를 받은 이상한 액센트를 쓰는 남자는 외국 스파이인 것으로 밝혀졌다.

➡ 문장의 주어는 The man (with the strange accent)이고 동사는 turned out이므로 그 사이는 주어를 수식하는 관계대명사절임을 알 수 있다. 선행사가 주어인 The man이므로 관계대명사 whom을 써야 하고, 문맥상 '그 남자로부터' 정보를 받았다는 뜻이 되어야 하므로 전치사 from을 붙인 (d)가 정답이다.

18. 접속사 문제 답 B
자신만의 취미를 가지는 것은 좋은 생각이다. 그러나 사람들이 아주 바쁜 세상에서 살아가기 때문에 그럴 시간이 없다.

➡ 문맥상 역접 접속사가 와야 하기 때문에, (b)가 오는 것이 적절하다.

19. 조동사 문제 답 C
안 선생님의 학생들은 그들의 프로젝트를 제시간에 마칠 수 있을지 확신할 수 없다. 그들은 화요일까지 고전 소설에 대한 20페이지 감상문을 제출해야만 한다.

➡ 주어진 기한(by Tuesday)까지 해야 하는 일이기 때문에, must가 오는 것이 적절하다.

20. 분사문제 답 C
직업의 세계에 뛰어들 준비를 하고 있는 젊은 남녀들을 대상으로 쓴 〈젊은이들에 대한 호소〉는 1880년에 처음 출판되었다.

➡ An Appeal to the Young이 주어, was first published가 동사로 완벽한 문장이 왔으므로 빈칸에는 분사구문이나 부정사의 형태가 적절하다. 주어가 책이므로 '쓰인'이 되는 수동태가 적절하다. 따라서 Being이 생략된 과거분사인 (c)가 정답이 된다.

21. 관계사 문제 답 C
"수퍼센서"는 여타 사람들이 감지조차 못 하는 냄새, 맛, 소리 및 이미지를 감지하기 위하여 현격히 강화된 감각을 사용한다.

➡ detect의 목적어인 명사들을 수식하는 절을 이어주기 위해 관계대명사가 사용되어야 한다. 이때 선행사인 명사들은 추상명사들이므로 which 또는 that을 사용하는 것이 적절하다. 따라서 정답은 (C)이다.

22. 조동사 문제 답 D

마티아스 씨가 수리 작업을 확인하기 위해 집에 들를 때마다, 작업반장은 그에게 작업의 진행 상황을 보고하곤 했다.

➡ '~할 때마다…하곤 하다'라는 문장이 되어야 하므로 과거의 반복적인 습관을 나타내는 조동사 would가 빈칸에 들어가면 된다. 참고로 will은 '~할 것이다'라는 단순 미래를 나타내거나, '~하겠다'는 의지 미래를 나타내는 것이므로 반복적 습관을 나타내는 표현으로 사용할 수 없다.

23. 동사 문제 답 B

미야미 성을 둘러쌀 호수가 지역 역사학계에서 모금한 자본을 이용하여 만들어질 것이다.

➡ 호수가 만들어진다는 미래의 일을 이야기 하고 있으므로 미래시제 중에 정답을 골라야 하는데, 호수가 성을 둘러싸는 것은 능동적인 의미이므로 능동태인 (B) will surround가 옳다.

24. 접속사 문제 답 A

물을 절약하기 위한 광범위한 대책이 시행되지 않으면, 미래에 전 세계적으로 물 부족 사태를 겪을 수도 있다.

➡ 물 부족 사태라는 결과에 이르려면 물 절약 대책이 시행되지 않는다는 의미가 되어야 하므로, 빈칸에는 '~하지 않는다면'이라는 의미의 Unless(=if not)이 들어가야 한다.

25. 동사/태 문제 답 A

프로젝트 팀장은 제안된 예산 기획안이 이사님께 금요일 5시까지 꼭 전달되기를 원한다.

➡ 문장의 요소를 잘 파악하고 없는 요소를 찾아야 한다. That절 이하는 '주어+동사'를 갖춘 완전한 절이 되어야 하는데, the proposed budget plan이 주어이므로 동사 역할을 하는 것이 필요하다. 이때 deliver는 '~을 보내다'라는 타동사이므로, 수동형인 is delivered가 된다.

26. 시제 문제 답 A

거의 5년 동안 못 보고 지낸 로버트 가족의 좋은 친구인 케이든이 그들의 집을 방문할 예정이다. 그들은 그녀가 도착했을 때 그들의 집에서 그녀를 위해 저녁을 대접할 것이다.

➡ 케이든이 그 가족을 방문하는 시점은 미래이며, 계획 중에 있음을 알 수 있다. 따라서 보기 네 개 중에서 미래의 의미를 가지는 동시에 진행의 의미를 가진 will be hosting이 맞다.

16회 정답 및 해설

1. 조동사 문제   답 D

학생들은 내가 말하고 있는 것에 관심이 없는 척 했지만, 나는 학생들 중 몇몇이 관심이 있다는 것을 알 수 있었다.

➡ '학생들은 관심이 없는 척하고 있었지만, 나는 몇몇 학생들이 관심이 있다는 것을 알 수 있었다'는 내용이다. 따라서 과거의 능력, 가능의 의미를 나타내어 '~할 수가 있었다'는 뜻으로 쓰이는 could가 정답이다.

2. 분사의 형태 문제   답 C

중국의 협상가인 시는 미국에게 양보하자는 요구와 국내 산업계의 보류하자는 요구 사이에서 균형 잡힌 결정을 내려야 한다.

➡ reservations를 수식하는 형태가 와야 하고 arise는 자동사이므로 바로 뒤에 목적어인 domestic industries를 취할 수 없으며 수동태를 취하지도 않는다. 따라서 '국내 산업계로부터 나오는 보류하자는 요구'가 되므로 arising from이 적절하다.

3. 관계대명사 문제   답 D

경매는 최저 경매 가격에 도달한 호가가 전혀 없었기 때문에 취소되었는데, 최저 경매 가격의 수준은 여느 때처럼 비밀에 부쳐졌다.

➡ 알맞은 관계대명사를 고르는 문제이다. no bids reached the reserve price와 the level of the reserve price was as usual undisclosed를 합치면 중복되는 the reserve price가 선행사가 되고 두 번째 문장의 of the reserve price가 of which로 바뀌므로 정답은 (d)이다.

4. 조동사 문제   답 C

대학 시절 이후로, 스미스는 공개 시합에서 레슬링을 계속했지만, 여자친구는 그에게 보디빌딩 연맹전에 참가해보는 것이 좋겠다고 말했다.

➡ 조언/충고의 조동사는 Should가 오는 것이 맞다. 문맥상 여자친구의 언급이 조언의 내용일 것이기 때문에 조동사 should가 적절하다.

5. 분사구문 문제   답 B

제프는 아내가 그의 교육 경력에 대해 조롱을 하자 그녀와 거리를 두기 시작했다.

➡ 두 문장을 연결하기 위해서는 접속사가 필요한데 접속사가 없는 것으로 보아 빈칸에는 분사구문이 와야 함을 알 수 있다. 따라서 주어인 Jeff가 조롱당한 것이므로 수동의 의미를 지닌 과거분사를 맨 앞에 둔 (b)가 정답이다. 원래는 Being mocked by his wife about~이지만 과거분사 앞의 being은 생략 가능하므로 mocked만 남은 것이다.

6. 조동사 문제   답 A

공학과 학생들은 외국 거주에 관심이 있다면 석유 쪽으로 미래를 고려해 보는 것도 좋을 것이다.

➡ '~하기를 원할 것'이라고 말할 때는 may want to~ 혹은 might want to~로 약한 추측을 나타내므로 관용적으로 기억하자.

모의고사 정답 및 해설   263

7. 접속사 문제 　답 A

다른 사람들과 사업을 할 때는 의사소통이 매우 중요하다. 만약 당신이 생각을 제대로 전달하지 못한다면, 그들은 당신이 뭘 말하려는지 모를 것이다.

➡ 빈칸에 들어갈 말은 '만약~한다면'이라는 접속사가 들어가는 것이 적당하다. Unless는 if not의 의미로서, '만약 ~가 아니라면'이란 뜻이기 때문에 빈칸 뒤에 not이 없다면 답이 될 수 있다.

8. 분사 문제 　답 A

새로운 무역 조약은 매우 복잡한 협정인데, 그것을 아무도 완벽하게 이해하는 것처럼 보이지 않는다. 그건 수정될 필요가 있다.

➡ 문맥상 빈칸에는 '복잡한'이라는 뜻의 complicated가 들어가서 명사 agreement를 수식해야 한다. 참고로 complicate는 '복잡하게 하다, 이해하기 어렵게 하다'는 뜻의 동사로 쓰인다.

9. 접속사 문제 　답 D

흡연을 막기 위해 새로운 규정이 시행되었으므로 더 이상 건물 내에서 직원들의 흡연이 허용되지 않는다.

➡ 보기에서 now that(~이기 때문에)만이 접속사의 역할을 할 수 있다. In that(~라는 점에서), seeing that(~이기 때문에) 등도 같은 역할을 할 수 있다.

10. 관계사 문제 　답 C

그 강연은 주로 독주회로 이름난 20세기 음악가에 관한 일련의 강의들 중에서 마지막이 될 것이다.

➡ 선행사가 twentieth century musicians로 사람이고, 빈칸 뒤에 명사 fame이 왔기 때문에 빈칸에는 소유격인 whose가 오는 것이 적절하다.

11. 시제 문제 　답 B

캘리포니아의 한 금융회사는 이미 파산한 한 여행클럽의 회원들로부터 부적절하게 돈을 걷은 혐의로 고발되었다.

➡ 고발된 것은 '과거'이고, 문맥상 고발되기 이전에 이미 파산을 했다고 하는 것이 적절하므로 과거 이전의 사실을 나타내는 과거완료 had gone이 적절하다.

12. 가정법 문제 　답 A

케빈은 어제 콘서트에 가고 싶었다. 운이 나쁘게도 어제 비가 내리기 시작해서 집에서 음악 프로그램을 봐야 했다. 비만 오지 않았더라면 그는 콘서트에 갈 수 있었을 것이다.

➡ 과거사실에 대한 가정을 전제로 하기 때문에 가정법 과거완료(과거완료는 if+주어+had+p.p, S+조동사 과거+have+p.p)를 사용해야 한다. 조동사 중 가능성을 could가 오는 것이 적합하다.

13. 조동사 문제 　답 D

학생들은 내가 말하고 있는 것에 관심이 없는 척 했지만, 나는 학생들 중 몇몇이 관심이 있다는 것을 알 수 있었다.

➡ '학생들은 관심이 없는 척하고 있었지만 나는 몇몇 학생들이 관심이 있다는 것을 알 수 있었다'는 내용이다. 따라서 과거의 능력, 가능의 의미를 나타내어 '~할 수가 있었다'는 뜻으로 쓰이는 could가 정답이다. 여기서 tell은 '말하다'가 아니라 '알다, 분간하다'라는 의미로 사용되고 있다는 점도 함께 알아두자.

14. 관계대명사 문제 　답 D

눈과 쿤은 히말라야 산들인데, 그것의 고지대로부터 9마일 길이의 샤파트 빙하가 흐른다.

➡ 알맞은 관계대명사를 고르는 문제이다. Nun and Kun are the Himalayan mountains와 the 9-mile-long shafat Glacier flows from Nun and Kun's heights를 합치면 중복되는 Nun and Kun이 선행사가 되고 두 번째 문장의 from Nun and Kun's heights가 from whose heights로 바뀌어 앞으로 나가므로 정답은 (d)이다.

15. 가정법 문제　　　　　　　　답 D

제주도의 경제는 관광에 의존하고 있다. 만약 사람들이 제주도 여행을 즐기지 않는다면, 제주도는 아마 살아남지 못할 것이다.

➡ 현재사실의 반대를 나타내는 가정법 과거 문제이다. If절에 과거동사, 주절에 '조동사의 과거형+동사원형'이 온다.

16. 분사구문 문제　　　　　　　답 A

1960년대 이래로, 가족 관계에 변화가 일어났는데 이는 무책이혼, 혼전 계약, 그리고 동성 결혼 등의 증가에 반영되었다.

➡ 관계사와 be 동사가 생략된 데에서 파생된 분사구문이다. 가족 관계의 변화가 무책이혼, 혼전 계약, 동성 간 결혼 등에 '반영되어' 왔으므로 수동태인 (a)가 적절하다.

17. 미래시제 문제　　　　　　　답 A

막 고등학교를 졸업한 새라는 예일 대학에서 입학허가를 받기를 바라고 있다. 그녀는 다음 주에 자격시험을 볼 예정이기 때문에 하루하루 더 긴장하고 있다.

➡ 시간부사구 next week을 사용해서 미래에 일어날 일이라는 것을 알 수 있고, 이미 계획된 사항에 대해서는 진행형을 사용한다. 따라서 미래진행형인 (a)가 정답이다.

18. 가정법 문제　　　　　　　　답 B

앞으로 10년 안에 큰 지진이 일본을 강타할지 모른다. 만약 오사카와 같은 큰 도시가 직접적인 타격을 받는다면, 수천 명의 인명피해가 발생할 것이다.

➡ 현재사실의 반대를 가정하는 가정법 과거형, 주절에는 〈조동사의 과거형+동사원형〉이 오게 된다.

19. 시제 문제　　　　　　　　　답 C

우리 학교에서 역사를 가르치는 김 선생은 그의 능력에 있어서 많은 사람들에의 고라고 생각된다. 그는 이미 10년 이상 교서 가르치는 일을 하고 있다.

➡ 기간을 나타내는 시간부사구 for more than ten years already를 통해서 완료형이 사용되어야 하며, 문맥상 현재시제를 포함한 일정기간의 내용을 다루고 있기 때문에, 현재진행형이 사용되어야 한다.

20. 가정법 도치　　　　　　　　답 C

어네스트 헤밍웨이가 우울증을 앓지 않았다면, 작가가 되지 않을 것이다. 우울증이 그에게는 좋지 않은 것이지만, 인류에게는 좋은 일이었다.

➡ Had the late Ernest Hemingway not suffered는 원래 If the late Ernest Hemingway had not suffered라는 가정법 과거완료 구문으로, if가 생략되어 주어와 조동사가 도치된 형태이다.

21. 시제 문제　　　　　　　　　답 D

김 교수는 서울에서 열린 학술대회에서 독서의 혜택에 대한 연구 논문을 발표했다. 그의 연구 결과를 제시하는 동안, 관객들은 열심히 경청했다.

➡ 두 개의 동작(강연을 듣다, 발표를 하다)이 한 문장에서 나열될 때 짧은 시간의 동작은 단순시제로, 문장의 중심이 되는 긴 시간의 동작은 진행형으로 쓴다. 위 문제는 과거의 사건을 다루고 있기 때문에 과거 진행형을 사용한 (D)가 정답이다.

22. 시제 문제   답 D

나는 케이트가 정말 걱정된다. 탐은 나에게 케이트에게 개인적인 문제가 있지만, 우리한테 말하고 싶어 하지 않는다고 했다. 내가 케이트를 봤을 때, 오랫동안 울고 있었던 것처럼 보였다.

➡ when 이하가 나타내는 과거시점까지 그 이전부터 특정 동작이 일정기간 동안(for a long time) 계속되고 있음을 의미한다. 따라서 과거완료진행형인 (D)가 정답이 된다.

23. 시제 문제   답 B

나는 정말로 저 남자와 어울리기를 원하지 않는다. 그는 항상 회사에서 다른 동료들에게 안 좋은 말만 하는 것 같다. 내일 이맘때쯤이면 그는 동료들에게 어떤 동료가 상사에게 어떻게 혼났는지 말하고 있을 것이다.

➡ 미래의 한 시점(by this time tomorrow)까지 특정 동작이 계속되고 있는 상태를 의미하고 있다. 따라서 미래완료진행형이 오는 것이 적절하다.

24. 시제 문제   답 D

김 씨는 그의 커피숍을 다시 개업하기 위해 은행 대출을 신청하려고 한다. 그가 좋지 않은 경기 때문에 가게 문을 닫아야 했을 때 그는 커피숍을 3년 동안 운영하고 있던 중이었다.

➡ 커피숍 문을 닫은 과거시점 이전부터 일정 기간 동안(for three years) 지속된 커피숍 운영을 한 행위는 과거완료로 표현하는 것이 맞다.

25. to부정사 문제   답 A

제2 외국어 습득에 대한 밀러 교수의 강의는 이해하기 쉬웠다.

➡ 주어가 Professor Miller's lecture이므로 '이해되어지기 쉬웠다'라고 착각해서 (b)를 답으로 고르지 않도록 조심한다. Easy, difficult, hard 등의 형용사 뒤에 to부정사가 오게 되면 '~하기 쉬운(어려운)'의 의미가 되는데, 여기서는 원래 It was easy to understand Professor Miller's lecture~에서 Professor Miller's lecture~ 부분이 앞으로 옮겨간 것이다. 따라서 능동태인 (a)를 답으로 골라야 한다.

26. that절의 전개방식   답 B

Jenice가 Tommy에게 학비를 낼 돈이 없다고 말하자, Tom은 Jane을 돕기 위해서 기꺼이 돈을 주었다. 그는 그때 계속 공부할 것을 요구하면서 그녀에게 돈을 건넸다.

➡ insist, require, suggest와 같이 요구, 주장, 조건, 제안, 명령의 의미를 갖는 동사가 오면 that절에는 '주어+(should)+동사원형' 형태가 오게 된다.